Bruno Ix
Ein Priester bricht das Tabu des Schweigens

IMPRESSUM

Bruno Ix
Ein Priester bricht das Tabu des Schweigens
Gestaltung: Andreas Klinkert; Satz: Sabine Felbinger
Umschlagfoto: Lothar Nahler
Druck: Druckhaus Bayreuth
© Dezember 1999 by Publik-Forum
Verlagsgesellschaft mbH
Postfach 2010
61410 Oberursel
ISBN: 3-88095-100-4

BRUNO IX

Ein Priester bricht das Tabu des Schweigens

Die Liebe zur Kirche, die Stimme des Herzens
und der Mut zur Veränderung

Inhalt

VORWORTE

Ein Zeugnis der Aufrichtigkeit

Ich habe die Geschichte von Bruno Ix mit großer innerer Anteilnahme gelesen. Es ist eine bewegende Geschichte, die vor allem durch ihre Aufrichtigkeit und Glaubwürdigkeit besticht.

Viele solcher und ähnlicher Biografien sind mir bekannt. Aber diese eröffnet den Blick vor allem auf die frühen religiösen und kirchlichen Prägungen, die einen Menschen, der leidenschaftlich nach Sinn und Glauben sucht, ein Leben lang begleiten.

Ich empfinde die Geschichte dieses Lebens auch als eine ernste Mahnung, endlich von einer religiösen und kirchlichen Praxis Abschied zu nehmen, die Menschen klein macht und ihnen dauernde Schäden an Leib und Seele zufügt. Mit der befreienden Botschaft des Evangeliums ist das schon lange nicht mehr in Einklang zu bringen. Bruno Ix hat viel gelitten und leidet noch. Und ich frage, ob das so sein musste und immer noch so sein muss?

Wir befinden uns in einer Zeit, in der der persönliche Glaube sich wandelt, in der die Gestalt einer Kirche vergeht, die vor allem auf die Lehre gesetzt und dabei oft das Leben verletzt oder zerstört hat. Es mutet mich wie ein Wunder an, dass Menschen wie Bruno Ix trotz allem was ihnen im Namen Gottes und der Kirche widerfahren ist, immer noch den Glauben wagen und in der Kirche eine Heimat sehen wollen.

Ich wünsche mir, dass die Hardliner und Betonköpfe, die es leider immer noch oder schon wieder in der Kirche gibt, nicht arrogant über ein solches Zeugnis hinweggehen, und dass alle, die ihre Zweifel an und ihre Probleme mit der real existierenden Institution haben, sich aufrichten können am Mut und an der Hoffnung, die in und zwischen den Zeilen dieser Geschichte wirksam sind.

Hier erzählt jemand von seinem Glauben, von seiner Hoffnung und von seiner Liebe, der sich hat verletzen lassen müssen und dennoch »dabei« geblieben ist.

Das macht mir Hoffnung. Das gibt mir selber Kraft und Mut.

MICHAEL ALBUS, ZDF-JOURNALIST

Aus dem Herzen geschrieben

Ich habe Burno Ix während meiner langjährigen medizinischen Tätigkeit als Chefarzt und ärztlicher Leiter des St. Antonius-Krankenhauses in Schleiden, und darüber hinaus als sehr liebenswerten, ethisch hochstehenden Menschen kennengelernt. Im Laufe der Zeit entwickelte sich eine Freundschaft, die von gegenseitiger Anerkennung und Hochachtung geprägt ist.

Als besonders herausragend empfinde ich seine Bescheidenheit, welche ihn als wahrhaft demütigen Menschen auszeichnet, seinen stets mutigen Einsatz für Gerechtigkeit, der seinem großen Glauben entspringt und seine liebevolle Weisheit, die ihn als gotterfüllten Menschen kennzeichnet.

Er bemüht sich hingebungsvoll, offen auf alle Menschen zuzugehen, sie zu respektieren und ihnen die gütige Zuwendung zu geben, die er selbst viel zu selten empfangen durfte. Auch ich habe dankbar die Erfahrung gemacht, dass er das Wort Gottes nicht nur predigt, sondern vorbildliche Taten folgen lässt.

Seine Lebensabschnitte waren größtenteils von Schmerz und Kummer durchdrungen, so dass durch die vielen seelischen Verwundungen bedingt, der Heilungsprozeß nicht so einfach zu bewältigen ist.

Ich kenne nur wenige Menschen, die genügend Kraft und Willen aufbringen, um in alte Geschehnisse voll einzutauchen, die Verdrängungen beleuchten, ansehen, sie nochmals emotional durchleben, um sie dann endlich vergeben und auflösen zu können. Man lernt bei diesem Vorgang, sich auch in die Täter hinein zu versetzen und zu erkennen, dass diese sich meistens über das Ausmaß, sowie die Folgen ihres Verhaltens, gar nicht bewusst sind.

Viele Handlungen wurden gedankenlos gesetzt und entsprangen gestörten Persönlichkeitsstrukturen, die durch die Lieblosigkeit anderer entstanden waren. In die Rolle der Schädiger schlüpfen also vorwiegend die Menschen , welche zuvor oft selbst zum Opfer gedankenloser Manipulationen geworden sind. Alle diese Menschen, von denen man Liebe, Unterstützung, Verständnis, Geborgenheit, Halt und Zuwendung erwartet hatte, konnten aus eigener Hilflosigkeit nur mit negativen, zerstörendem Verhalten reagieren.

Allein, dies zu verstehen, ebnet den Weg zur Vergebung, man weiß jetzt, dass nur unglückliche Menschen anderen Wunden schlagen, da ihnen selbst die Liebe fehlt.

Herr Pastor Ix hat in seinen schwierigsten Lebensphasen den Fall in die bodenlose Dunkelheit der Verzweiflung und Verlassenheit bis zur Neige durchlebt, es zeigte sich eine fortschreitende Resignation, die von der Außenwelt nicht mehr aufgefangen werden konnte.

Da gab es nur mehr eine Möglichkeit – die Hinwendung zur eigenen Innenwelt.

Auf diesen, nicht leichten und kraftraubenden Weg, hat sich Herr Pastor Ix begeben. In sich selbst hat er dann das Licht und die Liebe gefunden, die er so schmerzlich vermißt hatte.

So sind Probleme, Leiden und Krankheiten oft die besten Lehrer und Wegbereiter für die eigene Weiterentwicklung!

Man wird dadurch wie ein Rohdiamant geschliffen, bis man das göttliche Licht in sich erkennt und für andere leuchten lassen kann.

Dieses Buch möchte ich als wichtig, wertvoll und lehrreich bezeichnen. Man fühlt sich als Leser direkt in die oft dramatischen Geschehnisse mit eingebunden und empfindet vor allem die harten Erschütterungen der feinen, verletzlichen Kinderseele als besonders bewegend.

Es ist ein mutiges, aber auch versöhnliches Buch, es will aufzeigen und wachrütteln, aber nicht verurteilen.

Man wird konfrontiert mit Machtmissbrauch, Heuchelei, Härte und Gefühllosigkeit.

Durch verstehen, vergeben und die Hinwendung zur göttlichen Führung soll eine Transformation in die Wege geleitet werden.

Daraus kann sich eine bessere Welt entwickeln, in der Liebe, Mitgefühl, Güte, Toleranz und Verständnis wachsen können. Jeder kann seinen Beitrag leisten, indem er versucht, mit guten Worten, Gedanken und Taten mitzuhelfen, die Erde wieder zu einem lichtvollen, lebenswerten Planeten zu machen!

Ich glaube, dass dieses Buch zur richtigen Zeit den Weg in die Öffentlichkeit findet. Die mühsam und bitter erarbeiteten Aufzeichnungen spiegeln die Wahrhaftigkeit und kompromisslose Ehrlichkeit, ohne Rücksicht auf das eigene Ansehen, wider. Bruno Ix hat aus seinem Herzen geschrieben, und so bin ich überzeugt, dass er auch die Herzen der Leserinnen und Leser erreichen wird, wodurch eine positive Resonanz entsteht. Ich wünsche diesem Buch eine weite Verbreitung als gesegnetes Samenkorn Gottes!

Dr. med. R. Schirmohammadi

Facharzt für Anästhesie, Naturheilverfahren

Eine Ermutigung, sich zu öffnen

Für viele Menschen, die heute in der katholischen Kirche Verantwortung tragen und das Gemeindeleben gestalten, ist die Zeit vor dem Zweiten Vatikanischen Konzil bereits Geschichte. Dass diese Zeit – und damit auch ihre Prägungen – aber bis heute wirksam sind, im Positiven wie im Negativen, das wird aus der Lebensgeschichte von Bruno Ix anschaulich und wirklichkeitsnah deutlich. Das Wissen darum könnte dazu führen, dass sich Menschen innerhalb der Kirche mit mehr gegenseitigem Respekt, mit mehr Behutsamkeit und Einfühlung begegnen. Der Verfasser hat nichts beschönigt, was an Leidensgeschichte und Unterdrückungserfahrungen auch im kirchlichen Lebensbereich vorkam. Er hat aber nicht »abgerechnet« im Sinne eines einmaligen umfassenden Vorwurfs, nach dem keine weitere Kommunikation möglich wäre. Er macht vielmehr deutlich, dass auch die Geschichte der sogenannten »kleinen Leute« Kirchengeschichte ist. Hier berichtet einer, dem es gelungen ist, trotz negativer Erfahrungen an »seiner Kirche« festzuhalten – nicht nur an »der Botschaft des Evangeliums«, wie das oft heißt, sondern auch an der Sozialgestalt dieser Kirche, wenn auch mit dem Ziel, an der Veränderung von Strukturen mitzuarbeiten, die genau dieser Botschaft des Evangeliums entgegenstehen.

Das Buch ermutigt auch andere dazu, ihre Geschichten zu erzählen, sich miteinander über ihre Leidens – und Hoffnungserfahrungen auszutauschen. Deswegen ist die Lektüre auch aus der sogenannten Frauenperspektive von besonderem Interesse: es genügt nicht, sich selbst nur als Opfer zu definieren. Das Private ist – in diesem Zusammenhang – kirchenpolitisch!

»Ohne Wahrhaftigkeit gibt es keine Genesung« schreibt der Autor. Dazu gehört, sich auseinanderzusetzen mit unserer Geschichte, unseren Verletzungen, unseren bitteren und guten Erfahrungen. Das gilt für Bruno Ix, das gilt für die Menschen insgesamt, aber es gilt auch für die Kirche, für ihre Strukturen sowie ihr Leben in Gemeinschaft.

CHRISTEL VOß - GOLDSTEIN

Wahrheit ohne Liebe ist grausam ...
Liebe ohne Wahrheit ist co–abhängig ...

Einführung

Es fällt mir schwer, mit der Niederschrift meiner Geschichte zu beginnen, schließlich gebe ich damit viele Dinge aus meinem Leben preis, über die »man« ja prinzipiell – ein ungeschriebenes Gesetz will es so – nicht offen redet. Zudem bin ich Priester in der römisch-katholischen Kirche – und meine Geschichte ist natürlich stark durch die Kirche geprägt. Das sind reichlich verzwickte Zusammenhänge von Beginn an, die mir dieses Vorhaben nicht leichter machen. Es ist mir auch bewusst, dass ich mich mit dieser Geschichte angreifbar und verletzbar mache, und wer wollte das schon ohne Not?

Ich folge einer inneren Stimme. Würde ich ihr Gestalt geben, so wäre es ein »Engel Gottes«, der mich schon lange dazu ermuntert. Zunächst habe ich mich dagegen gewehrt. Das kann ich nicht! Ich bin kein Schriftsteller! Es hat nicht geholfen. Die innere Stimme wurde immer deutlicher. Zunächst konnte ich nicht, und dann wollte ich ihr nicht mehr widerstehen: Der Entschluss war gefasst: ich würde dieser Stimme folgen. Ich habe mich immer schon – meine Geschichte wird es zeigen – stark auf mein Gefühl verlassen und mich dabei selten verlassen gefühlt, und mit jeder Stunde, die ich nun mit diesem Entschluss lebe, spüre ich, dass ich auf einem richtigen Weg bin.

Selbstverständlich habe ich gleichzeitig Angst. Wie werden Leserinnen und Leser reagieren – hier in der Eifelgemeinde, wo mich alle seit vielen Jahren kennen, und dort, wo man nichts von mir persönlich weiß? Noch ist beinahe nichts formuliert, und ich denke an »meine« Leser! Auch das ist keine Erleichterung: Wie werden Priester, Bischöfe – oder möglicherweise päpstliche Kleriker – meine Geschichte aufnehmen? Denn für alle, die diese Geschichte lesen, wird die Lektüre nicht einfach sein.

Eine der Hauptfragen, die mich zum Schreiben dieser Zeilen drängt, ist eine Frage, deren Antwort von vornherein vollkommen eindeutig zu sein scheint: Dürfen wir Machtmissbrauch in der römisch-katholischen Kirche einfach unter den Teppich kehren oder gar totschweigen?

Und es hat Machtmissbrauch in der römisch-katholischen Kirche gegeben: in der vorkonziliären Kirche, vor dem Zweiten Vatikanischen Konzil, und

9

auch heute findet innerhalb der Kirche der Missbrauch von Macht statt, bewusst und unbewusst ...

Das Problem des Umgangs mit Macht in der römisch-katholischen Kirche ist auch schon von anderen Priestern beschrieben worden. Aber es ist natürlich etwas ganz anderes, ob ich mich mit dem Buch eines Amtskollegen auseinander setze oder mich plötzlich selbst in die Situation versetzt sehe, klar und öffentlich Stellung zu beziehen – und zwar in schriftlicher Form, in einem Buch, das jedermann lesen kann ...

Ich werde Dinge beim Namen nennen und aus meiner Sicht schildern – so wie *ich* sie erlebt habe. Ich will mit dieser Geschichte keineswegs urteilen oder verurteilen – das Urteil bleibt Gott überlassen: einem nach Jesus von Nazareth menschenfreundlichen Gott. Ich schreibe aus einem versöhnten Herz heraus – nicht aus Hass oder Rache, auch wenn die Verletzungen meiner Seele noch immer nicht verheilt sind und immer wieder noch schmerzen – Verletzungen, die mir durch die Kirche zugefügt wurden.

Dies ist ein Versuch, diejenigen, die am Missbrauch der Macht innerhalb der Kirche in irgendeiner Form beteiligt gewesen sind, anzusprechen, und es mögen sich, bitte, auch nur diejenigen mit »Kirche« angesprochen fühlen, die daran bewusst oder unbewusst beteiligt gewesen sind. Es sind deren leider zu allen Zeiten viel zu viele gewesen! Das Gute in der Kirche habe ich selbstredend nicht übersehen (wie hätte ich es sonst überhaupt darin aushalten können?), auch wenn darüber weniger die Rede sein wird. Das Unheilvolle in der Kirche hat aber in meinen Augen das Gute stets bei weitem überwogen: konsequenterweise die Gewichtung in der Geschichte.

Aus Liebe zur Kirche schreibe ich dieses Buch, denn die Erneuerung der Kirche liegt mir am Herzen. Leserinnen und Leser mögen nun selber überprüfen, ob meine Geschichte exemplarisch ist – vor allem für meine Generation.

Ich widme dieses Buch Hanne, Anne und Matthias, meinen Freundinnen und Freunden, meiner Gemeinde, dem Team der Schmerzambulanz des St.-Antonius-Krankenhauses in Schleiden, den Gästen und dem therapeutischen Team der Hochgrat-Klinik Wolfsried sowie dem verstorbenen Bischof Klaus Hemmerle. Ohne diese Menschen hätte ich wohl nicht überlebt und wäre ich nicht auf dem langen und beschwerlichen Weg der Genesung – dort, wo ich heute bin. Ihnen allen gilt mein Dank!

Dreiborn/Eifel, im Winter 1998/99
BRUNO IX

Meine Mutter – Elternhaus, Kindheit und Jugend

Meine Mutter wurde im Jahre 1914 geboren – in dem Jahr, als der 1. Weltkrieg begann. Nicht nur über ihrem Geburtsjahr, nein, über ihrem ganzen Leben stand kein günstiger Stern. Leider kann ich nur lückenhaft über Kindheit und Jugend meiner Mutter berichten – nur das, was sie mir selber erzählt hat.

Mein Großvater, so scheint es, war ein unerbittlich strenger Mann. Wie in vielen Häusern, so war auch er unumstritten der Herr im Haus. Galt es Entscheidungen zu treffen, so war das ausschließlich seine Sache. Mit der gleichen Härte gingen damals auch viele Lehrerinnen und Lehrer gegen Mädchen und Jungen vor. Die Priester – Ausnahmen bestätigen die Regel – verhielten sich ebenso. »*Wer seinen Sohn liebt, der züchtigt ihn*«, heißt es im Alten Testament, und die Leute hielten sich daran.

Man hielt sich daran, weil man es für richtig hielt, schließlich wurde es einem von allen Seiten bestätigt, und so verhielt man sich entsprechend in Familie, Schule und Kirche. Die Prügelstrafe – vor allem der Stock – galt als selbstverständliches Erziehungsmittel. Zu viele machten davon rücksichtslos Gebrauch und überschritten dabei allzu oft die Grenzen dessen, was Kinder aushalten konnten – so die Aussage meiner Mutter.

Kindesmisshandlung war keine Seltenheit. Sich beschweren, etwa über Lehrerinnen, Lehrer oder Priester, hätte nur eine weitere Tracht Prügel zur Folge gehabt – so war es in vielen Familien. Kein Wunder – meine Mutter war ein besonders ängstliches Kind, und sie blieb folglich ein ängstlicher Mensch bis zum Ende ihres Lebens. Eine Szene hat sie mir mehrfach erzählt, und sie ist mir verständlicherweise besonders in der Erinnerung haften geblieben.

Eines Tages kam sie um eine Minute zu spät nach Hause – eine Minute nur – und auf offener Straße schlug mein Großvater brutal zu. Verstanden hat meine Mutter das nie. Ob sie ihrem Vater jemals wirklich verziehen hat? Ich wage es zu bezweifeln.

Meine Großmutter war nicht in der Lage, meine Mutter und ihre Schwester vor dem Jähzorn ihres Mannes zu schützen. Sie war eine häufig kranke und schwächliche Frau. Die Rollen waren klar verteilt. Meine Großmutter war nach guter alter deutscher Tradition zuständig für Küche, Kinder und Kirche.

Wenn es um die Kinder ging, überschritt mein Großvater oft Grenzen, ohne an eventuelle Folgen überhaupt nur zu denken. Wie weit das ging, konnte meine Mutter mir nicht erzählen. Die Unberechenbarkeit meines Großvaters muss meine Mutter als bedrohlich empfunden haben.

Selbstverständlich hatte mein Großvater auch seine guten Seiten. Mit Begeisterung übte er in einer Fabrik den Beruf eines Webers aus. Zu Hause hatte er einen großen Garten. Da wurde mit Freude gearbeitet, wenn er von der Fabrik nach Hause kam. Gemüse, Kartoffeln und Obst konnte er jedes Jahr reichlich ernten. Den Traum eines eigenen Hauses hat er sich auch erfüllt. Dafür hat er gearbeitet und gespart.

Meine Großmutter erkrankte an einer schweren Venenentzündung. Die Ärzte sahen keine andere Möglichkeit, ihr Leben zu retten, als beide Beine zu amputieren. Damit war mein Großvater nicht einverstanden. Er muss ein uraltes Rezept gekannt haben. Er grub in seinem Garten tief und tiefer, bis er schließlich auf Lehm stieß. Mit dem Lehm machte er meiner Großmutter Packungen an beiden Beinen, die er stündlich erneuerte. So heilte die Venenentzündung meiner Großmutter allmählich, und zu ihrem und der ganzen Familie Glück behielt sie beide Beine.

Materiell wurden meine Mutter und ihre Schwester gut versorgt, seelisch aber kamen sie viel zu kurz. Die pure Anwesenheit meines Großvaters war für beide Töchter bereits bedrohlich, so grob ging er mit seinen Kindern um. Liebevolle Nähe, eine Umarmung, in der man sich wohl und geborgen fühlt, kannte meine Mutter nicht. An keine einzige Umarmung zwischen ihr und meinen Großeltern kann ich mich erinnern. Wie vielen Kindern in der damaligen Zeit mag es ähnlich ergangen sein? Sicher zu vielen!

Meine Mutter war eine gute Schülerin, stets eine der Besten ihres Jahrgangs und brav. Sie war – natürlich! – ein angepasstes Kind. Ihr größter Wunsch war es, zum Gymnasium zu gehen, doch das kam überhaupt nicht in Frage. Eine Auseinandersetzung mit meinem Großvater war undenkbar, und die Stimme meiner Großmutter zählte nicht. Sie war die Tochter eines stolzen Arbeiters. Seine lakonischen Kommentare lauteten: »Wir sind Arbeiter und wir bleiben Arbeiter!« und »Mädchen werden Frauen, und Frauen sind für Küche, Kinder und Kirche da!«

Widerspruch wäre nicht nur unmöglich gewesen, er wäre auch niedergeknüppelt worden. Meine Mutter fühlte sich dadurch natürlich zutiefst gekränkt und verletzt – so hat sie sich häufig geäußert.

Erschwerend kam das vierte Gebot hinzu, das die Kirche einseitig lehrte: »Du sollst Vater und Mutter ehren!« Dass Kinder auch ein Recht auf eine respektvolle Betreuung haben, das wurde dabei viel zu wenig oder überhaupt nicht beachtet. Widerspruch wäre Ungehorsam gewesen und hätte nach damaligen Vorstellungen gebeichtet werden müssen. Diese Lehre der Kirche hat meine Mutter als viel zu braves, angepasstes Kind tief in ihre Seele aufgenommen. Diese Lehre – so verstanden – hat die Seele meiner Mutter vergiftet. Schwerste Verletzungen durch rigorose Moralvorstellungen der Kirche der damaligen Zeit – vor allem was das sechste Gebot betrifft – sollten in ihrer Jugend folgen – Verletzungen mit katastrophalen Folgen.

Meine Mutter ging in die Lehre als Näherin – ganz bestimmt nicht ihr Traumberuf. Sie war noch jung und verliebte sich in meinen Vater. Mein Großvater – war er eifersüchtig? – versuchte mit allen Mitteln, die beiden auseinander zu bringen. Er holte seine Tochter von der Arbeitsstelle ab und kontrollierte ihr Leben, so weit es ihm möglich war. Die Beziehung zu meinem Vater konnte er trotzdem nicht verhindern.

Der Zustand in ihrem Elternhaus muss für meine Mutter unerträglich gewesen sein. So drängte sie aus ihrem Elternhaus heraus. Die einzige Möglichkeit, ihr Elternhaus so jung zu verlassen, wäre eine Schwangerschaft gewesen. So wurde meine Mutter dann auch wirklich schwanger und »musste« heiraten. Meine Mutter hat des öfteren davon erzählt. Mit einem Mann vor der Ehe sexuelle Kontakte einzugehen war nach der Lehre der Kirche streng verboten und galt als – Todsünde! Sie liebten sich aber – wie kann das eine Todsünde sein?

Natürlich musste meine Mutter zur Beichte, denn ohne Beichte in der Todsünde sterben hätte ja ewige Höllenstrafen zur Folge gehabt, wie es damals die Kirche lehrte. Angst, Scham und Schuldgefühle haben meine Mutter fürchterlich geplagt. Freiwillig ging meine Mutter nicht beichten, nein, das war ein absolutes Muss, und dazu noch *alles* in *allen* Einzelheiten sagen, das verlangten zu viele Priester damals. Hatten sie ihre (perverse) Ersatzbefriedigung dabei – wenn auch hier und dort unbewusst? Gab es sexuelle Gewalt in der Beichte? Der Gedanke ist unerträglich, aber ich muss ihn laut denken und schriftlich fixieren, denn wir müssen davon ausgehen, dass schwere Sünden unter dem Deckmantel der Beichte begangen wurden, sicherlich nicht von der Mehrzahl der Priester, aber von zu vielen.

Und wer trug die letzte Verantwortung?

Meine Eltern waren öffentliche Sünder – eine Schande für Elternhaus und Gemeinde –, es war ein Spießrutenlaufen. Wusste man nicht um das Wort von Jesus: »*Wer ohne Sünde ist, der werfe den ersten Stein?*« Natürlich kannte man die Bibel, wer weiß, vielleicht besser als heute, aber wenn es um die Auslegung der Bibelworte im Alltag ging, wurde einfach verdrängt und zur harten Tagesordnung übergegangen.

War es aber wirklich Todsünde, was aus Liebe geschah, auch wenn es vor der Ehe war? Mein Bruder war »in Sünde« gezeugt, so die Lehre der Kirche. Wie gründlich hatte man Jesu Lehre doch missverstanden! Und wie gern hätte meine Mutter im weißen Brautkleid geheiratet! Sie durfte es nicht – wegen der vorehelichen Beziehung. Im schwarzen Kleid musste sie heiraten – sie war neunzehn Jahre alt –, was für eine Demütigung und Verletzung in ihrer Menschenwürde! Wie schrecklich muss sie sich gefühlt haben?

Während der redaktionellen Arbeit an diesem Manuskript, bei der mich der frühere Schulfreund unseres Kirchenrendanten Matthias Dürbaum, der in Sistig lebende Schriftsteller Theo Breuer, in der Endphase unterstützte, machte dieser mich auf ein Gedicht von Ernst Toller aus der damaligen Zeit aufmerksam, das gleichsam ein Kontrapunkt zu den Erlebnissen meiner Eltern ist und das mich so sehr berührte, das ich es an dieser Stelle einfüge. Es zeigt, dass es auch damals bereits – und ich bin mir klar darüber, dass Fragen der Moral usw. im Prinzip keineswegs zeit-, sondern eben milieu- bzw. organisationsabhängig sind – aufgeklärte und natürliche Einstellungen gab, die das Leben in seiner Herrlichkeit zeigten und mit ihrer Wortwahl die große Nähe religiösen Empfindens bekundeten:

Schwangeres Mädchen

Du schreitest wunderbar in mittäglicher Stunde,
Um deine Brüste rauscht der reife Winde,
Ein Lichtbach über deinen Nacken rinnt,
Der Sommer blüht auf deinem Munde,
Du bist ein Wunderkelch der gnadenreichen
Empfängnis liebestrunkner Nacht,
Du bist von Lerchenliedern überdacht,
Und deine Last ist köstlich ohnegleichen.

Übrigens – es waren nicht wenige, die damals in schwarzem Kleid heiraten mussten, wie noch heute Frauen unter Tränen erzählen. Wenn jemand heiraten »musste« und gleich zu Beginn der Schwangerschaft heiratete, kam man so davon: Die Braut trug das weiße Brautkleid und darunter ... Und das war bei vielen der Fall – zum Glück, kann ich sagen, denn diesen Frauen blieb manches erspart, meine Mutter gehörte nicht zu den Glücklichen! Acht von zehn Frauen waren schwanger, wenn sie heirateten, sagte mir einmal ein Amtskollege, der die Zeit miterlebt hat, und diese Aussage wird bestätigt, wenn ich die Daten in Trauungsbüchern und Taufbüchern vergleiche.

Wie lange hat meine Mutter wohl gebraucht, um ihrem jähzornigen Vater die Schwangerschaft zu gestehen? Wie mein Großvater reagiert hat, hat meine Mutter nie erzählt, auch nicht, wie der Priester in der Beichte und beim Trauegespräch mit ihr umgegangen ist. Nur eins weiß ich: Trost und Ermutigung hätte sie gebraucht, und gerade das hat sie nicht bekommen ...

Eine junge Ehe und die Geburt eines Bruders

Im Jahre 1933 wurde mein Bruder geboren – meine Mutter war 19 Jahre und mein Vater 21 Jahre alt. Der Vorgang der Geburt war etwas, was eine Frau in ihrer Seele befleckte, weswegen sie »ausgesegnet« werden musste, wie die offizielle Version der Kirche damals lautete. Vor der »Aussegnung« durfte meine Mutter die Kirche nicht betreten, auch das war ein weiteres ungeschriebenes Gesetz, das niemand zu ignorieren wagte. »Wie eine Verbrecherin habe ich mich gefühlt«, sagte einmal eine Frau, und sie sagte es stellvertretend für viele andere Frauen.

Wie haben sich die Priester damals gefühlt, die die »Aussegnung« durchführten? Ich glaube, viele haben gar nicht darüber nachgedacht: Sie waren gottesfürchtige und kirchengläubige Männer, die in ihrer Rolle von allen mächtigen Seiten unterstützt wurden und sich deshalb nicht lange bei kritischem Nachdenken aufhalten mussten. Natürlich wird es auch die guten Ausnahmen gegeben haben, aber sie werden tunlichst den Mund gehalten haben: Welche Chance hätten sie gehabt? Ich spüre ja auch heute noch, ganz am Ende des 20. Jahrhunderts, wie scharf mir der Gegenwind ins Gesicht pfeift, wenn ich mich quer stelle ...

Mein Bruder musste natürlich auch schnell getauft werden – wegen der Erbsünde, in der jedes Kind geboren wird. Und ohne Taufe sterben hieß: nicht in den Himmel kommen! In die Hölle allerdings kamen die ungetauften Kinder auch nicht, sondern in eine Art »Vorhimmel« – übrigens hat Jesus einen solchen Ort an keiner Stelle erwähnt.

So wurde jeder gute Katholik streng erzogen, ein Kind in Lebensgefahr sofort zu taufen, wenn kein Priester erreichbar war. »Nottaufe« nannte man das in jener Zeit.

Nun waren meine Eltern also kirchlich verheiratet. Körperliche Liebe war nur dann erlaubt, wenn sie offen war für neues Leben. Sonst hieß es, man habe in der Ehe »enthaltsam« zu sein. Hauptzweck der Ehe war die Zeugung von Kindern, die Liebe dagegen schien Nebensache zu sein. Welche Eheleute schafften das schon, über einen längeren Zeitraum enthaltsam zu sein, wenn weitere Kinder nicht mehr geplant waren?

Körperliche Liebe ohne Offenheit für ein Kind war Todsünde, und zu verhüten, von der natürlichen, im Alten Testament beschriebenen Methode einmal abgesehen, war natürlich auch Todsünde. Und das musste unter allen Umständen gebeichtet werden. In der Todsünde zur Kommunion gehen, das galt als »Gottesraub« – ein ganz schlimmes Vergehen, das natürlich wiederum gebeichtet werden musste. In diesen Dingen war die Kirche ganz besonders darauf bedacht, dass ihre Regeln genau befolgt wurden.

Das brachte meine Mutter – wie so viele Frauen dieser Zeit – in große Not. Übrigens – im sechsten Gebot heißt es: »*Du sollst nicht die Ehe brechen!*« In der Amtskirche war Keuschheit die größte Tugend. Einmal, so hat meine Mutter oft erzählt, ging sie zur Beichte, und der Beichtvater – ein besonders strenger Mann – wollte sie nicht lossprechen von ihren Sünden, es sei denn, sie würde fest versprechen, körperliche Liebe gäbe es in Zukunft nur in Offenheit für neues Leben. Wenn sie das nicht fest verspreche und nach der Beichte ohne sakramentale Lossprechung tödlich verunglücke, so käme sie auf ewig in die Hölle.

Meine Mutter »versprach« es und erhielt so die Lossprechung. Zu Hause hat sie bei meinem Vater fürchterlich geweint. Ein Einzelfall? Gewiss nicht! Zu oft sollte ich später ähnliche Berichte hören. Nur Gott weiß, wie viele Opfer einer solch rigorosen Beichtpraxis es damals gab. Natürlich waren nicht alle Priester so scharf in der Beichte. Es gab ganz bestimmt auch einige weise und gütige Beichtväter – aber eben viel zu wenige.

Die Not meiner Mutter, was die Beichte betraf, war groß. Zum Glück hat sie später – so hat sie mir erzählt – einen taktvolleren und milderen Beichtvater gefunden.

Einfach und arm lebten meine Eltern in einer kleiner Wohnung. Ein Wunder fast, dass mein Bruder trotz der seelischen Belastungen seiner Eltern ein gesunder Junge war.

Die Anfänge meines Lebens

Die Anfänge meines Lebens standen – wie schon bei meiner Mutter – nicht unter einem günstigen Stern. Zwar wollten meine Eltern ein weiteres Kind, aber es sollte unter allen Umständen ein Mädchen sein, darauf waren sie ganz und gar fixiert. Und sie waren fest davon überzeugt, dass ich ein Mädchen sein würde!

Wenn Gott Leben schenkt, dann kann das neue Leben – wie alles Leben – nur einzigartig, heilig, kostbar und rein sein. Menschliches Leben in Liebe annehmen – ob Junge oder Mädchen – und das mit großer Dankbarkeit: Das ist eine der vorrangigen Aufgaben von Eltern. Wie so viele andere Eltern auch, so konnten auch meine Eltern das nicht, meine Mutter hat mir davon oft erzählt, nicht weil sie böse waren, nein, sie konnten es einfach nicht. In meinem Sosein als Junge war ich von Anfang an nicht angenommen. Damit begann schon das Drama meines Lebens. Kann ein Kind so etwas im Mutterleib empfinden? Ich war doch ganz Mensch – von Gott geschaffen – von Anfang an!

Klar, was ich empfunden habe. Eine Erinnerung gibt es nicht. Es wird sich ganz bestimmt nicht gut angefühlt haben. Eine Verletzung im tiefsten Kern meiner Seele schon im Mutterleib – so hat es eine weise Therapeutin einmal formuliert. Wenn ich das so schreibe, spüre ich wieder den Schmerz in mir.

So wurde ich schließlich geboren – am 21.03.1936 –, eine Frühgeburt. Hatte das auch etwas mit den Gefühlen meiner Eltern zu tun? *Herzlich willkommen auf dieser Erde!* So hätte es sein sollen, so war es aber nicht, weil ich ein Junge war ...

Meine Mutter hat mir später genauer von meiner Geburt erzählt. Meine Geburt sei für meinen Vater und meine Mutter ein Schock gewesen! Kein Mädchen, und das hatten sich doch beide sehnlichst gewünscht! Zudem sei ich durch und durch hässlich gewesen – wegen der schwarzen Haare an meinem ganzen Körper – und weil ich halt wie ein Junge aussah.

Meine Mutter erzählte das ohne ein Wort des Bedauerns. Auch im Nachhinein konnte sie *nicht* sagen: *»Schön, dass es dich gibt, genau so, wie du bist!«* So etwas konnte sie auch Jahre später noch nicht sagen. »Bleiben diese schwarzen Haare am ganzen Körper?«, fragte meine Mutter ihren Arzt. Damit drückte sie ihre ganze Distanz und Angst aus, denke ich.

»Nein!«, beruhigte sie der Arzt. Wusste meine Mutter nicht, dass Frühgeborene einen Flaum am ganzen Körper haben? Hatte ihr das niemand gesagt? Meine Eltern waren anscheinend blind. Sie waren nicht in der Lage, nüchtern in mein Gesicht und in meine Augen zu schauen, um festzustellen, dass ich ein hübsches Kind war. Mit meinem Geschlecht hatten sie Schwierigkeiten. Hatte das etwas mit dem Vater meiner Mutter zu tun?

Hatte das auch etwas mit Kirche zu tun? Sexualität war durch Elternhaus und Kirchenlehre bei meinen Eltern absolut negativ besetzt. Es muss für mich als Säugling eine Katastrophe gewesen sein: die Schwierigkeit meiner Eltern, mich von Anfang an voll und ganz in Liebe anzunehmen. Wie sah es wohl damals in meiner Seele aus? Welche Gefühle wurden schon damals in meiner Seele verkapselt? Wie tief waren die Verletzungen?

Indem ich mir diese Fragen stelle, indem ich sie hier niederschreibe und vor mir sehe, spüre ich wieder diesen typischen Schmerz, vermischt mit Trauer, der mich mein ganzes Leben lang begleitet hat ...

Meine Mutter musste – wie schon bei der Geburt meines Bruders – »ausgesegnet« werden – eine erneute Demütigung! Ganz schnell musste auch ich getauft werden, war doch auch ich in der Erbsünde geboren worden – und die Erbsünde konnte nur in der Taufe getilgt werden.

War das die Lehre Jesu? Wer wäre dann Gott? Ein Kind Gottes wurde ich durch die Taufe – war ich das nicht schon vom ersten Augenblick meines Lebens an?

»Gott schuf den Menschen nach seinem Bild – als Mann und Frau – und es war sehr gut!«

In die römisch-katholische Kirche wurde ich aufgenommen durch die Taufe. Das war ein großes Glück für mich, denn – so verkündete man damals – die römisch-katholische Kirche ist die allein selig machende Kirche. Hat Jesus von Nazareth das auch so gesehen?

18

Und noch einmal – wer wäre dann Gott? Derartige Fragen durften allerdings in der vorkonziliären Kirche erst gar nicht gestellt werden.

Meine Mutter hatte von Anfang an große Probleme mit dem Stillen, kein Wunder, sie wollte ja unterschwellig immer noch ein Mädchen, das ich nun einmal nicht war. An der Brust trinken hatte für meine Mutter auch etwas mit Sexualität zu tun – eigentlich kein Problem bei einem Säugling: für meine Mutter aber wohl. Zu sehr – ich muss es wiederholen – war Sexualität negativ besetzt bei ihr durch Elternhaus und Kirche. Wie hat meine Mutter sich wohl gefühlt, wenn sie mich sauber machen musste? Es sei ihr unangenehm gewesen, sagte sie später.

Ganz schnell sauber werden, dahingehend hat sie mich schon früh getrimmt. Es war schlimm für sie, dass es zu lange dauerte. Eine Katastrophe für mich, wenn etwas daneben ging – eine Erinnerung aus ganz früher Zeit. Kein Wort des Trostes und der Ermutigung!

War das besonders schlimm, weil ich ein Junge war? Und besonders sauber musste ich genau da sein, wo es für mich besonders unangenehm war – auch eine betrübliche Erinnerung.

Es gab zu vieles, das mich schon in frühester Kindheit ängstigte und durcheinander brachte. Wie ging mein Vater mit meiner Nacktheit als kleiner Junge um – eine für mich ungelöste Frage, die mich bis heute beschäftigt, war er doch der erste Mann in meinem Leben – und Männer haben mir über die meisten Jahre meines Lebens Angst gemacht.

Ich hatte als Säugling zwar Untergewicht, war aber ansonsten zunächst gesund. Zwei Wochen nach meiner Geburt erlitt ich einen schlimmen Schub von Neurodermitis – »Milchschorf« wurde das damals genannt. Auf Grund der Neurodermitis konnte ich nicht weiter gestillt werden, sondern musste mit Buttermilch ernährt werden. Wegen eines Vitaminmangels erkrankte ich an Rachitis und man musste befürchten, dass nun auch noch eine Knochenerweichung folgen würde. War das Schicksal oder Vererbung? Diese Krankheit gab es in der Familie meines Vaters. Mein Bruder war gesund – ich nicht. Reagierte ich etwa mit Neurodermitis auf zumindest unterschwellige Aggressionen meiner Eltern? Wie viel unbewusste Wut trugen meine Eltern in sich auf ihre eigenen Eltern und auf die Kirche? War ich unbewusst der Blitzableiter? Übertrugen sie alle ihre Wut auf mich? Empfand ich meine Eltern als lebensbedrohlich – vor allem meinen Vater? Waren das die eigentlichen

Gründe für die Neurodermitis? Konnte ich deswegen als Säugling schon nicht einschlafen?

Ich hätte mich gegen das Einschlafen stets gewehrt – schon als Säugling, sagte meine Mutter später. Ich sei von Anfang an schrecklich ängstlich gewesen. Und zu keiner Zeit konnte ich richtig essen. Was nahm mir den Appetit? Meine Eltern banden mich in den Nächten an den Händen am Bett fest, damit ich mich nicht blutig kratzen konnte. Das muss für mich die Hölle gewesen sein! Unerträglicher Juckreiz und fest gebunden! Was taten meine Eltern wohl, wenn sie, durch mein Schreien in der Nacht wach geworden, zu mir kamen? Ich habe kein gutes Gefühl bei dem Gedanken ...

Meine Eltern waren völlig überfordert mit mir. Hilfe suchten sie nicht – wo hätten sie damals auch Hilfe bekommen können? Bei denen, die sich Seelsorger nannten? Verstanden die Seelsorger damals etwas von der Seele eines Menschen? Von der Kinderseele? Waren es nicht zu viele Priester damals, die durch erbarmungslose Moralvorstellungen unermessliche Qualen in den Menschen auslösten? Es wurde viel zu viel gedroht mit Hölle und Satan, die Sexualität wurde verteufelt: Standen solche Moralvorstellungen den meisten Priestern nicht im Wege, um gute Seelsorger zu sein? Natürlich gab es damals auch einige lebenskluge und gutherzige Seelsorger – aber davon gab es viel zu wenige.

Mit der Neurodermitis war ich nun in der Tat ein »hässliches Kind«. Viele Salben wurden ausprobiert, die Neurodermitis ließ allmählich nach. Dafür kam das Asthma, zunächst noch nicht so dramatisch, wie es sich später entwickeln sollte. Was empfand ich wohl als Säugling, wenn die Atemnot mich quälte? Stärker wurde die Atemnot stets bei Erkältungen. In meinen ersten Erinnerungen empfand ich die Erkrankung meiner Haut als unerträglich und die Atemnot als äußerst bedrohlich. Das geht nie mehr weg: Das war mein sicheres Gefühl. Was nahm mir die Luft in meinem Elternhaus? Hatte es etwas mit meinen Eltern zu tun – mehr mit meinem Vater als mit meiner Mutter?

Das Essen war eine alltägliche Quälerei. Welche genaue Rolle spielte hierbei mein Vater? Weiße Flecken ... Mein Vater konnte jedenfalls schnell zornig werden, und das löste in mir verständlicherweise beständig Angst und Bedrohung aus. Wie war die Beziehung zu meinem Bruder am Anfang meines Lebens? Viele weiße Flecken!

Meine ersten Erinnerungen an den Großvater – den Vater meiner Mutter – sind entsetzlich. Wir waren oft zu Besuch im Elternhaus meiner Mutter. Mein Großvater nahm mich auch als ganz kleines Kind auf den Arm, drückte mich fest an sich und rieb mein Gesicht an seinem nicht gut rasierten Gesicht. Das tat jedes Mal weh, ich wollte das nicht und hatte eine grässliche Angst davor. Er aber gab keine Ruhe und tat es jedes Mal so lange, bis ich weinte. Dann sagte meine Großmutter jedes Mal: »Jetzt hast du wieder erreicht, was du wolltest und deinen Spaß gehabt!« Hatte er auch so oder anders seinen Spaß gehabt mit meiner Mutter, als sie noch ein kleines Mädchen war?

Dies ist eine gefährliche Frage und Ahnungen kommen in mir auf. Ich hatte, solange ich zurückdenken kann, fürchterliche Angst vor meinem Großvater, wiederholte sich diese Szene doch immer wieder, und weder meine Großmutter noch meine Eltern konnten mich vor ihm schützen. Hat mein Großvater so schon mit mir getan, als ich noch ein Säugling war? War mein Vater auch so grob zu mir? Waren sie nicht in der Lage, junges Leben zu respektieren, statt ihre Stärke gegenüber dem Wehrlosen auszuspielen? Ich frage: Wo fängt Missbrauch an, wodurch werden Gefühle der Minderwertigkeit ausgelöst? Woher kommt die Todesangst, die mich begleitet, seit ich mich bewusst erinnern kann?

Überall lauerte tödliche Gefahr, ganz furchtbar war es in den Nächten! Es gab nicht die Wärme und Nähe und Zärtlichkeit, die ich so dringend gebraucht hätte. Ein kleines Kind – verraten und im Stich gelassen! Meine Eltern konnten mir nicht den Raum geben, wo ich mich sicher und geborgen gefühlt hätte. Wie hätten sie mir geben können, was sie selbst als Kinder nicht empfangen hatten!

Es gab auch schöne Augenblicke, wenn meine Mutter einen guten Tag hatte und mich auf den Schoß nahm und Lieder sang: leider viel zu selten ...

Am schlimmsten waren die unkontrollierten Wutausbrüche meiner Mutter im Zusammenhang mit dem Essen. Ich konnte einfach nicht essen.

Meine Körpersymptome haben mir geholfen, zu überleben: Überlebensstrategien nennen wir das heute. Mir war das damals natürlich nicht bewusst. Wie in einem Käfig gefangen, gab es für mich keine Chance zu einem glücklichen Leben. Die Situation war in der Tat aussichtslos. Das ist eine erschütternde Erkenntnis – zu groß war das Leiden – und gleichzeitig bin ich dankbar, überlebt zu haben.

Die Elternhäuser meiner Eltern und mein Elternhaus waren unheilvoll mit der Kirche verknüpft, und sie waren natürlich kein Einzelfall. Sicher, meine Großeltern und Eltern haben auch gute Erfahrungen mit der Kirche gemacht, aber die schlimmen Dinge überwogen. Wie also hätten sie mir geben können, was ich wie so viele Kinder gebraucht hätte: Geborgenheit, Liebe, Sicherheit, Urvertrauen, Schutz oder wie immer wir diese Phänomene nennen wollen, die gleichsam die Sonne über unserem Dasein sind ... Sie hatten all das doch auch nicht empfangen!

Die Priester hatten über viele Menschen Macht, zu viele Menschen haben damals darunter zu sehr gelitten. Man fürchtete sie und die Menschen empfingen nicht, was ihnen gut getan hätte. Arbeit, Gehorsam, Pflichterfüllung: Das waren die Schlagworte, nach denen das Leben ablief.

Noch viele weitere »weiße Flecken« gibt es in den ersten Jahren meines Lebens, Dinge, an die ich mich nicht erinnern kann, die aber mein Leben ganz offenbar auf unheilvolle Weise geprägt haben. Und ich sollte noch viele schlimmere Erfahrungen als kleines Kind mit der Kirche machen, die sich mir eingeprägt haben – auch einige gute Erfahrungen, wofür ich dankbar bin, aber viel mehr grauenvolle Erfahrungen, die mich von einer Hölle in die andere Hölle stoßen sollten ...

Der Zweite Weltkrieg und »Kinderlandverschickung«

Bald vier Jahre war ich alt – es war die Zeit des Zweiten Weltkrieges –, und mein Vater musste nach Russland an die Front. Wie erging es mir, als mein Vater in den Krieg eingezogen wurde? Ich habe keine Ahnung, und das ist eigentlich verwunderlich, in der Regel erinnern wir uns zurück bis in die Zeit ab dem dritten Lebensjahr. Ich erinnere mich an die Mutter, aber nicht an den Vater. Da sind so viele Schemen in meiner Erinnerung, was meinen Vater betrifft. Verdränge ich etwas, vor dem ich Angst habe? Bis heute weiß ich es nicht und es ist unwahrscheinlich, dass ich es herausfinden werde.

In meiner Heimatstadt Viersen wurde es allmählich gefährlich. Es drohten Bombenangriffe. Nun gab es zur damaligen Zeit in Deutschland eine Aktion, die man »Kinderlandverschickung« nannte. Das war die Möglichkeit für Mütter und Kinder, für einige Zeit in weniger gefährdete Gebiete zu ziehen – vor allem in kleine Dörfer. Dort würde man von Bombenangriffen verschont bleiben, so meinte man nicht zu Unrecht.

Meiner Mutter muss die Entscheidung schwer gefallen sein, ihre Heimatstadt zu verlassen und sich auf das Wagnis eines Lebens in einer fremden Umgebung mit zwei kleinen Kindern einzulassen. Sie traf diese Entscheidung, und so brachen wir bald in Richtung Süden auf. Ein Dorf in der Nähe des Mains war unser Ziel.

Wir hatten großes Glück mit unserer Wirtin, einer Witwe mit einem Sohn. Sie nahm uns freundlich auf, wir waren willkommen und fühlten uns schnell wohl bei ihr. Solange wir dort wohnten – rund drei Jahre – gab es keine Bombenangriffe. Und erstaunlich – bei unserer Wirtin konnte ich erstmalig gut und normal essen, auch Asthma und Neurodermitis verschwanden. War die Luftveränderung die Ursache?

So sahen die Erwachsenen das. So einfach sollte das also sein. Heute bin ich davon überzeugt: So einfach war das eben nicht! Aber wie sollte ich damals die Zusammenhänge verstehen – ich war doch ein kleines Kind. ... Reichte mir die Wirtin das Essen, konnte ich essen, bei meiner Mutter war das nicht möglich gewesen. Eigentümlich. Und meine Mutter? War sie erleichtert, froh darüber? Und – hatte meine Genesung etwas damit zu tun, dass keine Männer im Hause waren? Mein Vater war an der Front und besagter Großvater war ebenfalls weit weg, und so brauchte ich mich vor ihnen nicht mehr zu fürchten.

Noch heute brauche ich Distanz zu Männern – zu manchen Männern sogar viel Distanz. Sie dürfen mir nicht zu nahe kommen, es wehrt sich etwas dagegen in mir, heute nicht mehr so stark wie früher. Den Sensoren meines Körpers und meiner Seele kann ich vertrauen, ich spüre schnell, ob ich mich behaglich oder unbehaglich in der Gegenwart eines anderen Menschen fühle, und ich verlasse mich gern auf meine instinktiven Wahrnehmungen. Was meinen Großvater betrifft, bin ich mir ganz sicher: Er war eine ständige Quelle der Angst – er kannte keine Grenzen – auch nicht die Grenzen eines kleinen Jungen – und nutzte seine Übermacht ständig aus: Ihn habe ich als sehr bedrohlich erlebt. Völlig verunsichert bin ich über die Rolle meines Vaters in meiner Existenz, zu viele weiße Flecken gibt es ihm gegenüber, zu kurz offenbar die Zeit, in der ich zusammen mit ihm lebte.

Meine Mutter hat meinen Vater idealisiert, aber so kann er nicht gewesen sein. Die Verunsicherung, was meinen Vater betrifft, lässt sich schwer auflösen. Ihm möglicherweise Unrecht tun, das möchte ich auf keinen Fall. Ich suche Klarheit und Ruhe, weil ich weiß, dass ich so nur wirkliche Genesung finden kann, aber wo suchen – und wie, ohne ungerecht zu sein ... »*De mortuis nihil nisi bene*« ...

Für meine Mutter war die Zeit im Dorf eine Zeit der Erholung, denn da war ja die Wirtin, die die meisten Arbeiten erledigte. Was für mich blieb, waren die schlimmen Ängste, die mich vor allem in den Nächten quälten, wenn ich nicht schlafen konnte. Die Dunkelheit der Nacht war für mich bedrohlich. Schlief ich aber endlich, dann war da immer wieder der gleiche Albtraum: Ich stehe am Ufer des Mains, und die Wasser werden höher und höher, und die Wassermassen bewegen sich immer schneller auf mich zu, und ich bin nicht in der Lage, ihnen zu entkommen. Jeden Augenblick können die Wassermassen mich verschlingen ...

Das war stets der Augenblick, in dem ich stumm vor Entsetzten und Panik wach wurde. Hatte das etwas mit meiner Mutter und meiner Geburt zu tun – ein frühkindliches Trauma? Wenn ich heute so frage, spüre ich, dass ich auf der rechten Spur bin. Wer hat mich damals schon stumm gemacht?

Auf der anderen Seite – es gab auch schöne Erlebnisse in dem Dorf, wo ich drei Jahre lang wohnte, und zum Glück haben auch sie sich mir eingeprägt. Hinter dem Haus, in dem wir wohnten, floss ein Bach mit klarem, reinem Wasser. Es war ein idealer Platz für uns Kinder. Immer wieder spielten wir am Bach – ein kleines Paradies. Es gab auch eine Mühle am Rande des Dorfes. Oft ging ich dorthin und spielte mit den Kindern des Müllers. Richtige Freundschaft aber entstand nicht, dazu war ich nicht fähig, das war ich nicht wert – so damals und oft später meine Empfindung. Das hat mir viel Kummer bereitet, aber über diesen Kummer sprechen, das vermochte ich nicht.

Wir gingen regelmäßig in die Dorfkirche. Das war nicht gut für mich – eine schmerzliche Erkenntnis. Der Dorfpfarrer war ein strenger Mann und zudem jähzornig. Kleine Kinder mochte er wohl überhaupt nicht. Was hat meine Seele wohl alles an Gift aufnehmen müssen in der Drohbotschaft, die er verkündete, ohne dass ich mich daran erinnern kann, ich war ja noch zu klein, seinen Predigten auf intellektueller Ebene zu folgen und sie mir zu merken.

Der Dorfpfarrer konnte auch brutal zuschlagen, ich musste es zu meiner Bestürzung am eigenen Leib erfahren. Der Gottesdienst ist zum Beten und Singen da. Die Menschen feiern Eucharistie und hören Gottes Wort. Um so schlimmer, was mir widerfuhr. Ein Kind hatte mit einer Taschenlampe während des Gottesdienstes gespielt, und der Dorfpfarrer muss sich darüber fürchterlich aufgeregt haben. Als der Gottesdienst zu Ende war, kam er rasend vor Wut auf mich zu und schlug mir ins Gesicht. Es tat so weh, dass ich noch am nächsten Tag einen Schmerz im Gesicht verspürte. Innerlich hat mich das natürlich auch verletzt (ein solches Unrecht verletzt jeden Menschen, zumal wenn er noch so jung und hilflos ist), ich konnte einfach nicht begreifen, ich, ein kleiner, schmächtiger Junge im Vorschulalter. Hatte ich etwas getan? Was? Gar etwas Schlimmes? Ich war völlig verwirrt. Meine innere Wahrnehmung und das, was von außen auf mich gekommen war, klafften total auseinander ... Meine Wirtin ging am nächsten Tag zum Dorfpfarrer und beschwerte sich. Entschuldigt hat er sich nicht, nicht das geringste Zeichen des Bedauerns gesetzt.

Kindesmisshandlung im Raum der Kirche – wie vielen Kindern ist es damals genauso ergangen wir mir? Zu vielen, wie ich später erfuhr. Was war mit der Botschaft Jesu: *»Lasset die Kinder zu mir kommen und hindert sie nicht daran. Und er nahm die Kinder in seine Arme und segnete sie.«* Jeder Priester kennt diese Bibelstelle, merkwürdig, wie wenige sie verinnerlicht zu haben scheinen in der Zeit meiner Kindheit (und natürlich auch noch heute). Diese wenigen haben danach gehandelt, viel zu viele wussten wahrscheinlich nichts damit anzufangen und ignorierten sie, vor allem in kritischen Augenblicken, wenn wir alle nach Haltepunkten und Wegweisern suchen und froh sein dürfen, Beispiele zu kennen, die gerade dann unseren Verstand erleuchten und uns gut und gerecht handeln lassen. Kinder wurden oft zweitklassig behandelt und niemand dachte sich viel dabei, das Böse war gleichsam durch die öffentlichen Erziehungsansichten und –methoden sanktioniert: Man wusste es nicht besser (wollte es nicht besser wissen?) ...

Da gab es einen Mann im Dorf, an den ich mich noch gut erinnere. Es ist so, als ob ich ihn heute noch vor mir sähe. Beide Beinen waren ihm bis ganz oben amputiert; sie waren ihm in einer Winternacht erfroren, als er betrunken in der Eiseskälte gelegen hatte. Er hatte ein Ledertuch unter sich gebunden und in den Händen hielt er einen Gegenstand (was das genau war, weiß ich bis heute nicht), mit dem konnte er sich fortbewegen. Er hasste die Dorfkinder und diese spürten das. Kein Wunder, dass ihn viele ärgerten. Dann warf er mit Gegenständen, ohne – zum Glück! – je eines der Kinder zu treffen. Die Kinder wichen ihm halt immer wieder geschickt aus. Ich selber hielt mich stets weit weg von ihm, weil er mir große Angst machte.

Jener Mann ohne Beine war mir unheimlich. Was hatte das wohl mit meinem bisherigen Leben zu tun? Gleichsam ohne Beine, kein Entrinnen aus einer ausweglosen Situation, z.B. in Großvaters Krallen ... Der arme Mann erwarb sich den Lebensunterhalt mit Gelegenheitsarbeiten für die Leute im Dorf. Eines Tages saß er vor dem Haus meiner Wirtin – ich habe das Bild noch genau in Erinnerung –, hatte das Beil in der Hand und hackte Holz. Ich kam nach Hause und wollte hineingehen. Jedoch der Anblick des Mannes ohne Beine ließ mich vor Schreck erstarren, versetzte mich in Panik. Wie angewurzelt stand ich da. Weglaufen konnte ich nicht. »Wenn ich an ihm vorbeigehe«, sagte mir mein Gefühl, »erschlägt er mich mit seinem Beil.« Stumm und starr vor Angst stand ich lange da, wie lange, weiß ich nicht mehr, und traute mich nicht ins Haus hinein. Endlich – es kam mir vor wie eine Ewigkeit – tauchte die Wirtin auf, kam auf mich zu und ging mit mir ins Haus.

Ich wirkte verstört und meine Wirtin spürte, das etwas nicht mit mir stimmte. Nie mehr später hat jener Mann ohne Beine vor dem Haus meiner Wirtin Holz gehackt. Natürlich weiß ich heute, dass jener Mann mit seinem Beil mich nicht erschlagen wollte, aber das Kind, das ich damals war, wusste das nicht. Welches Trauma hat jener Mann ohne Beine bei mir ausgelöst, welches Trauma aus einer Zeit, als ich noch klein war?

Wer war der Mann, den ich schon früh in meinem Leben als so bedrohlich empfunden habe? Es ist eine Angst, die unterschwellig immer noch zum Teil da ist, wenn auch viel geringer. Übrigens – meine Mutter hat diese Panikattacke nicht mitbekommen. Es floss keine einzige Träne – meine Tränen waren in meiner Seele eingefroren. Meine Mutter hat nie mit mir darüber geredet oder mich gar in den Arm genommen und getröstet. Das konnte jene Witwe allerdings auch nicht. Ich hätte es dringend gebraucht. Was wäre womöglich alles aus mir herausgebrochen – ich war ja erst fünf Jahre alt ...

Wenn wir bis zum Ende des Krieges in diesem Dorf geblieben wären, wäre mir die Hölle der Bombenangriffe in der Heimatstadt erspart geblieben und eine mindestens ebenso schlimme Hölle auch, die allerdings weniger mit dem Krieg zu tun hatte. Was hat meine Mutter wohl in erster Linie bewegt, zwei Jahre vor Ende des Krieges jenen ziemlich sicheren Ort zu verlassen? War ihr selber bewusst, was sie tat? Hatte es mit dem Schneider zu tun, der ein Bein verloren hatte und daher nicht an der Front war, wo der Krieg unerbittlich tobte? Meine Mutter war von Beruf ja Näherin. Die beiden sind sich sicher öfter begegnet. Er mochte meine Mutter und zu mir tat er sehr freundlich. War das der wahre Grund, weshalb meine Mutter sich so plötzlich entschied, das Dorf mit uns Kindern zu verlassen? Verfolgte der Schneider irgendwelche Absichten? Meine Mutter war verheiratet und mein Vater im Krieg an der Front in Russland. Sie muss sich einsam gefühlt haben, eine Beziehung zu einem anderen Mann wäre sie aber nie eingegangen. So verließen wir völlig unvorbereitet und für mich ganz und gar unverständlich das Dorf und fuhren zunächst in eine Stadt Richtung Osten, ein Stück näher an die Front. Glaubte meine Mutter, dort meinen Vater eher treffen zu könne? Ich wurde dort eingeschult, kannte kein einziges Kind, hatte Heimweh nach dem Dorf und fühlte mich einsam, obwohl doch Mutter und Bruder bei mir waren.

Als ich zum erstenmal zur Schule ging, fand ich nach der Pause meine Klasse nicht mehr und irrte im Schulgebäude umher, bis sich eine Lehrerin meiner erbarmte und mich in meine Klasse brachte. Es gab in jenem Ort natürlich keine Begegnung zwischen meiner Mutter und meinem Vater. In das Dorf zu unserer Wirtin zurückkehren wollte meine Mutter nicht – es wäre für mich und meine Mutter und meinen Bruder besser gewesen – schade!

Der Schneider hat uns nach dem Krieg einmal besucht, aber meine Mutter hätte ihn nie geheiratet. Mein Vater war ihr »Märchenprinz« – da hätte kein anderer Mann eine Chance gehabt, gewissermaßen eine Tragik im Leben meiner Mutter. Oder war es Selbstschutz? Hatte sie Schwierigkeiten, sich auf einen Mann einzulassen? Hatte das irgend etwas mit dem eigenen Vater zu tun – ihr selber jedoch unbewusst? Viele Fragen, die meine Mutter heute nicht mehr beantworten kann ...

So fuhren wir also in Richtung Heimat – ein großer Fehler meiner Mutter, die es sicherlich nur gut gemeint hatte. Es ging nicht in unsere alte Mietwohnung, sondern in das Haus des Großvaters. Hätte meine Mutter das doch nie getan! Sie kannte doch ihren Vater!

Im Haus meines Großvaters

Die Zeit, die nun folgte, war ein einziger Albtraum. Das Haus war zu klein für meine Großeltern, meine Tante mit ihren Kindern sowie meine Mutter mit meinem Bruder und mir. Die Enge im Hause war aber nicht der eigentliche Grund für eine Katastrophe, die sich für mich anbahnen sollte und die ich gerade so überlebte.

Es lag eine Spannung im Haus, die zwar auch mit den Bombenangriffen zu tun hatte, die aber eigentlich durch meinen Großvater ausgelöst wurde, vor dem ich mich fürchtete. Ich habe ja bereits geschildert, wie ich ihn empfand: unberechenbar und bedrohlich. Es gab kaum Sanftes oder Weiches an ihm. Das Geringste, was ihm nicht passte, brachte ihn in Rage, die bei mir wiederum Angst, ja, Panik hervorrief.

Bei Tisch hieß es, wie in vielen Familien damals: »Kinder haben beim Essen zu schweigen!« Allein was *er* sagte galt. Widerspruch duldete er nicht. In seinen Augen sah ich schon Wut und Zorn, bevor er sie äußerte. Und es gab wieder jene penetrante Nähe, die ich mitnichten wollte und vor der ich mich so fürchtete. Aber meine Angst zählte nicht.

Wie gehabt (und wie schon einmal erzählt, aber so war es damals auch: Es wiederholte sich, es war immer das Gleiche, und ich muss es noch einmal an dieser Stelle schildern, ich wohnte ja jetzt in seinem Haus und die Folgen seines Tuns waren einfach katastrophal): Er nahm mich auf den Arm und drückte mich fest an seinen Körper und rieb sein Gesicht an seinem schlecht rasierten Bart, und ich spürte die Stoppeln, es tat mir weh, und er wollte nicht aufhören, bis ich jedes Mal fürchterlich weinte. Und dann wie schon früher die Aussage meiner Großmutter: »Jetzt hast du wieder erreicht, was du wolltest, und deinen Spaß gehabt!«

Niemand konnte mich beschützen, weder meine Großmutter noch meine Mutter noch meine Tante – ich war doch erst sieben Jahre alt. Harmlos, könnten einige Leser vielleicht meinen. Da muss man doch kein Drama daraus machen! Gehen nicht viele Väter und Großväter mit ihren Kindern so um? Für mich aber war es nicht harmlos – es tat weh, und ich hatte schreckliche Angst davor – die Angst hat mich aber nicht vor dieser Gefühllosigkeit bewahrt. Und wieder die Frage: Wie ist der Großvater mit meiner Mutter umgegangen, als sie noch klein war und später in der Pubertät? Meine Mutter hat mit mir nicht darüber sprechen können. Die Nähe im Haus meines Großvaters fand ich bedrohlich, ohne genauer umschreiben zu können, was eigentlich das Bedrohliche war. Weiße Flecken bis auf den heutigen Tag.

Und dann waren da die häufigen Nächte, die wir wegen der Bombenangriffe im Keller verbrachten. In mir war nur sprachlose Furcht bis hin zur Panik – nicht zum Aushalten! Es gab kein tröstendes Wort, keine behutsam streichelnde Hand, kein liebevolles In-den-Arm-genommen-Werden. Derartige

Gefühlsäußerungen gab es leider überhaupt nicht in meiner Familie. Ich wusste es nicht anders.

Das Leben im Hause meines Großvaters war so entsetzlich und die Spannung so unerträglich groß, dass ich mit einem heftigen Schub von Neurodermitis reagierte, so extrem lebensbedrohlich wie nie zuvor in meinem Leben. Die Erwachsenen machten es sich leicht:»Schicksal!«»Das liegt in der Familie!«»Er ist vielleicht mit dem Phosphor einer Bombe in Berührung gekommen.« Dass es mit dem Haus meines Großvaters etwas zu tun haben könnte, auf diese Idee kam keiner der Erwachsenen; nun ja, wir kennen dieses menschliche Gesetz: Es kann nicht sein, was nicht sein darf ...

Auch ich *begriff* diesen Ausbruch der Neurodermitis natürlich ganz und gar nicht – die Wahrheit hätte ich als kleiner Junge nicht ertragen können. Meine Haut war bald am ganzen Körper entzündet und brannte unentwegt. Dazu war ich am ganzen Körper wund. Es schmerzte stark, und hinzu kam dieser unerträgliche Juckreiz – wieder einmal: die Hölle! Und da waren die Fliegen – es war Sommer – und quälten mich noch dazu. Aus Gardinen spannte man etwas über meinen ganzen Körper, so dass die Fliegen nicht mehr an mich heran konnten.

Jetzt konnte mein Großvater mich immerhin nicht auf den Arm nehmen und quälen, jetzt blieb ich vor seinen zornigen Attacken verschont. Die Nächte waren unendlich lang. Meist stumm und ab und zu leise stöhnend mit vielen ungeweinten Tränen in den Augen – so lag ich in den Nächten da. Ich war kaum noch in der Lage, etwas zu essen. Schmerz und Juckreiz brachten mich bald zum Wahnsinn. So wollte ich nicht mehr leben! In mir wurde der Wunsch immer stärker, zu sterben, um bei Gottes Engeln zu sein, wie ich ganz fest glaubte – endlich erlöst von allen Plagen und Qualen des Lebens.

Meine Mutter und alle anderen waren hilflos und bangten um mein Leben. Ein Arzt wurde zu Rate gezogen. Der stellte resignierend fest:»Dem Kind ist nicht mehr zu helfen, es wird wohl bald sterben.« Mein Großvater holte einen Heilpraktiker, der sah sich meine Haut genau an, er schaute aber offenbar auch in meine Seele und fühlte mit mir, das spürte ich. Er gab meiner Mutter die Empfehlung:»Baden sie Ihren Sohn täglich in Weizenkleie!« Meine Mutter folgte der Empfehlung des Heilpraktikers. Jeden Tag tat sie Weizenkleie in eine kleine Badewanne und hat meinen ganzen Körper gebadet, liebevoll, war sie doch voller Angst und Sorge um mich.

Es wurde beinahe wie ein Wunder empfunden: Ganz allmählich heilte die Haut, Schmerzen und Juckreiz ließ mehr und mehr nach. Nun wollte ich nicht mehr sterben, der Lebenswille war wieder erwacht. Ich hatte überlebt und war dankbar. Meine Mutter muss wohl irgendwie begriffen haben, was meine Krankheit ausgelöst hatte. Sie hat nie mit mir darüber gesprochen, aber ihre Entscheidung stand fest: Wir zogen aus dem Haus des Großvaters aus und kehrten zurück in die frühere Wohnung. Bis auf regelmäßige Besuche an Sonntagen war ich nun vor der für mich bedrohlichen Nähe meines Großvaters sicher. Zu Hause konnte meine Mutter mich schützen. Ein Albtraum hatte ein Ende genommen.

1943 – 1945:
Die letzten Jahre des Zweiten Weltkrieges

Trotz des Krieges und der kaum auszuhaltenden Bombenangriffe – Neurodermitis und Asthma machten sich kaum noch bemerkbar. Wir wohnten in einem großen Mietshaus für sechs Familien. Frauen, Kinder und ein alter Mann lebten je in einer Wohnung. Die Männer waren alle an der Front.

Können Sie sich das vorstellen, heulende Sirenen, Fliegeralarm in fast jeder Nacht? Und alle liefen so schnell sie konnten in einen Kellerraum des Hauses. Da saßen wir, jeder für sich, auf Stühlen, aber es gab auch Möglichkeiten, sich hinzulegen. An Schlaf aber war überhaupt nicht zu denken. So saß ich dort auf einem Stuhl und musste mir immer wieder diesen zischenden Ton anhören, wenn die Bomben fielen und explodierten.

Welche Häuser waren nun wieder getroffen worden und in sich zusammengestürzt? Wie viele Häuser, von Brandbomben getroffen, brannten jetzt? Und wie viele Menschen waren verschüttet unter den Trümmermassen? Wie viele Tote, wie viele tote Kinder gab es? Wie viele Menschen waren schwer verletzt?

Können Sie sich vorstellen, wie ich da viele Nächte saß in stummer Panik mit dem Gefühl: Das kannst du nicht mehr lange aushalten? Können Sie sich vorstellen: die Todesängste von Frauen, Kindern und alten Menschen? Der Keller bot keinen wirklichen Schutz. Er hätte uns nicht geholfen, wenn eine Bombe unser Haus getroffen hätte – das wussten wir alle. Bei dem Gedanken, eine Bombe träfe unser Haus und alles würde zusammenstürzen und die Trümmermassen uns begraben und uns alle ersticken, breitete sich Panik in mir aus, jede Nacht, mehr und mehr. Eine Frau schrie immer wieder ganz laut und betete in ihrer Todesangst, Nacht um Nacht, aber die Bombenangriffe hörten einfach nicht auf.

Für mich gab es keine Hand, die mich hielt, meine Mutter nahm mich nicht in den Arm – das hätte mir ein klein wenig geholfen. Dass es so etwas überhaupt geben konnte, davon hatte ich keine Ahnung. Meine Mutter konnte es einfach nicht, hatte sie doch selbst kaum liebevolle menschliche Nähe erfahren. Sonderbar – mein Bruder hatte viel weniger Angst als ich. Wir waren doch alle in der gleichen Lebensgefahr! Bei mir muss es noch etwas anderes ausgelöst haben – eine Angst aus einer Zeit, als ich noch ganz klein war. Noch einmal: Es gab trotz der panischen Ängste keinen neuen Schub von Neurodermitis und keine schweren Asthmaanfälle!

Gegen Morgen gab es jedes Mal Entwarnung – dann heulten die Sirenen in einer anderen Tonfolge. Ich weiß nicht, wie ich das alles aushalten konnte. Hätte ich einmal angefangen zu schreien, ich hätte kaum wieder aufhören können. Zwei Jahre dauerte dieser Schrecken – fast jede Nacht Bombenalarm und fast jede Nacht im Keller, einem Raum, der, wie gesagt, keinen wirklichen Schutz bot ...

Trotz des Krieges gingen wir regelmäßig in die Kirche. Auch am Tag war niemand sicher – auch nicht wir Kinder. Kamen Flugzeuge, drückten wir uns an eine Hauswand und erstarrten. Tiefflieger schossen aus ihren Flugzeugen auch auf Zivilisten – und auf kleine Kinder. Wie soll ein Kind das begreifen? Das war sinnlos! Es war der totale Krieg! Ganze Städte wurden zerstört, auch wenn dort nur Zivilisten wohnten: Frauen und Kinder und alte Menschen. Es hätte sich ja ein Soldat in einem der Häuser aufhalten können!

Der Krieg kannte keine Gnade, kein Erbarmen. Unzählige Kinder und Frauen und alte Menschen wurden zu Opfern. Es gab auch Priester, die Waffen segneten – im Namen Gottes –, für mich unbegreiflich. Konnten jene Priester sich auf Jesus von Nazareth berufen? Die Kirche unterschied zwischen gerechtem und ungerechtem Krieg. Ein »gerechter« Krieg sei erlaubt! Dazu durfte man auch Waffen segnen. Aber gibt es einen »gerechten« Krieg?

Natürlich führte Hitler einen sinnlosen und ungerechten Krieg! Das durften Priester allerdings nicht öffentlich äußern. Verständlicherweise hatten die Priester Angst, wenn sie beim Gottesdienst vor Menschen sprachen. Bei jeder

Predigt gab es Spitzel. Ein falsches Wort, und in der nächsten Nacht hätte man den Priester abgeholt und er wäre ins Gefängnis oder in ein Konzentrationslager gekommen, verständlich, dass fast alle Priester schwiegen: Nicht jeder von uns kann ein Bonhoeffer sein!

Es war allgemein bekannt, dass es Arbeitslager für Juden gab. Dass man die Juden aber systematisch umgebracht hat, wusste fast niemand. Es gab einmal eine Parole gegen Hitler, an eine Hauswand geschrieben. Keiner wusste genau, wer das geschrieben hatte. War es möglicherweise ein Kind gewesen? Ein Nachbar kam zu meiner Mutter und drohte:»Wenn ich eines Ihrer Kinder dabei erwische, dann zeige ich Sie an!« Was das für meine Mutter bedeutet hätte war allen klar ...

Wie eine Ewigkeit erschien mir der Krieg mit seinen nächtlichen Bombenangriffen. Ein weiteres Attentat auf Hitler misslang, eine Schande, dachten viele, aber niemand konnte es wagen, das öffentlich zu äußern, zu viele Verblendete hätten nichts Eiligeres zu tun gehabt, als diesen Menschen zu denunzieren ...

Unser Haus war besonders gefährdet, und wir wussten das, lag es doch direkt neben der Bahnlinie – ein bevorzugter Punkt für Bombenangriffe. Zur Schule konnten wir Kinder natürlich nicht mehr gehen, dass wäre zu gefährlich gewesen. Gelegentlich hatten wir bei einer Lehrerin in einem Privathaus Unterricht, es kamen aber nur wenige Kinder. Jeden Tag hörten wir die Nachrichten im Radio und sehnten uns nach dem Ende des Krieges.

Mein Vater muss noch kurz vor Ende des Krieges gelebt haben, es gab noch ein letztes Lebenszeichen von ihm. Welche Todesängste muss er an der Front gehabt haben? Erst in den letzten Kriegswochen kam er um, der genaue Tag ist mir nicht bekannt.

Ein Satz im Radio hat sich mir besonders eingeprägt. Goebbels schrie:»Und wir siegen doch!« Das war nur wenige Wochen vor dem für alle absehbaren Zusammenbruch. Einmal gab es einen Bombenteppich, der den Ortsteil treffen und auslöschen sollte, wo ich wohnte. Die Piloten ließen die Bomben eine Sekunde zu früh fallen, Zufall oder Absicht: Wollten sie uns verschonen?

Am nächsten Morgen sah man auf den Feldern unmittelbar vor unserem Ortsteil einen Bombenkrater neben dem anderen. Wir waren alle geschockt und zugleich froh und dankbar, dass wir noch lebten. Hätte dieser Bombenteppich unseren Ortsteil getroffen, es hätte kaum einer von uns überlebt.

Ein letzter Bombenangriff, der meine Heimatstadt sicherlich völlig zerstört hätte, stand Viersen kurz vor Ende des Krieges bevor. Die Piloten der Flugzeuge warteten schon auf das Kommando, die alliierten Streitkräfte befanden sich in unmittelbarer Nähe, da war es der Kaplan meiner Heimatgemeinde, der wohl unzählige Menschen gerettet hat. Ohne offiziellen Auftrag wagte der Kaplan es, alle Leute aufzufordern, weiße Bettlaken aus den Fenstern zu hängen, und er selber ging mit einer weißen Fahne auf die Alliierten zu. Er tat es einfach. Die deutschen Truppen hatten sich längst aus dem Staub gemacht. Die Alliierten empfingen den Kaplan, der im Namen der Stadt Viersen die Forderung der bedingungslosen Kapitulation akzeptierte. Aus allen Fenstern hingen weiße Bettlaken. So wurde der Bombenangriff im letzten Augenblick verhindert.

Das war es, das lebensnotwendige Glück im Unglück, dass viele Menschen überleben ließ – vor allem Menschen aus meinem Wohnviertel. Kurz darauf war der zweite Weltkrieg zu Ende. Wir konnten dieses Ende genauso wenig begreifen wie den Krieg selbst. Es war eine wunderbare Befreiung: keine Bombenangriffe und keine Nächte in stummer Panik im Keller ...

29. April 1945:
Meine Erstkommunion

Der Krieg war aus, das Leben ging weiter, musste weitergehen, und Vorbereitungen zu meiner Erstkommunion standen an. Wie alle Kinder freute ich mich auf das große Fest. Selbstverständlich – besonders wichtig war die Vorbereitung auf die Erstbeichte. Die war unbedingt erforderlich vor der Erstkommunion. Was die Beichte betrifft, da waren die Priester besonders gründlich. Ich war damals neun Jahre alt. Als höchste Tugend wurde uns die Keuschheit vorgestellt – was auch immer das für ein Kind im Alter von neun Jahren sein soll.

Das sechste Gebot stand im Mittelpunkt der Beichtvorbereitung. Die Priester empfand ich als »heilige Menschen«: Was sie sagten, konnte nur die Wahrheit sein. Unkeuschheit, so sagten die Priester, war Teufelswerk und es drohte ewige Höllenstrafe – auch für kleine Kinder. Gott bestraft unerbittlich alle – auch kleine Kinder – die in der Todsünde sterben, ohne sie bereut und gebeichtet zu haben.

Glücklich die Kinder, deren Eltern das nicht so richtig glaubten und die Drohungen dieser Priester entschärften. Meine Mutter konnte das nicht – sie war selber ja ein Opfer einer rigorosen Sexualmoral –, und bei meinem Vater war es sicherlich nicht anders gewesen. Und ich war ein stummes Kind – unfähig aus Scham und Angst über all das mit jemandem zu sprechen, was ich in der Beichtvorbereitung zu hören bekam und was ich zu glauben hatte.

Das Thema Sexualität war zu Hause tabu. Dafür wurde bei der Beichtvorbereitung um so mehr davon gesprochen. Ich nahm alles auf, was die Priester über die sogenannte Unkeuschheit erzählten, ohne es jedoch zu verstehen, geschweige denn: zu verarbeiten. So wurde weitere unheilvolle Unbill verursacht, die mich innerlich zu vergiften half.

Später sollte präzisiert werden, was die Priester unter Unkeuschheit als Todsünde verstanden. In einer Todsünde ohne vorherige Beichte zur Kommunion zu gehen sei Gottesraub und ein besonders schlimmes Vergehen, das verkündeten die Priester sicherlich nicht nur in unserer Gemeinde. Natürlich ging es in der Beichtvorbereitung auch um andere Gebote, wie zum Beispiel das vierte Gebot: *»Du sollst Vater und Mutter ehren!«* Dazu gehörten natürlich auch Lehrerinnen und Lehrer und vor allem Priester! Das auch Kinder ein Recht auf respektvolle und liebevolle Sorge haben, das war kein Thema. Ein Kind hatte zu gehorchen im Namen Gottes, wenn die Erwachsenen es forderten. Das wurde für manchen Erwachsenen zum Alibi für brutales Verhalten gegenüber Kindern.

»Lässliche Sünden« waren nach der Lehre der Kirche zum Beispiel: Widerworte geben oder fluchen, in der Kirche schwätzen oder unandächtig beten oder zu Hause naschen. Das musste nicht unter allen Umständen gebeichtet werden, aber ein guter Katholik beichtete das natürlich. Scham und Angst und Schuldgefühle breiteten sich in meiner Seele aus. Ganz rein musste meine Seele sein, dann wäre ich würdig zur Feier der Erstkommunion – dann dürfte ich Jesus in der Kommunion empfangen.

Nur die geweihten Hände des Priesters durften die heilige Kommunion in die Hand nehmen, denn mir wie allen andren Katholiken war das strengstens verboten. Uns sollte die Hostie auf die Zunge gelegt werden und so könnte dann Jesus in unser Herz kommen.

34

Selbstverständlich war die Erstbeichte einen Tag vor der Erstkommunion, sonst schaffte man es möglicherweise nicht, rein und würdig zu kommunizieren. Was ich da alles in meine Seele aufnahm – ich war ja erst neun Jahre alt – war wie eine Zeitbombe und brachte mich später in unerträgliche Gewissensbisse. Empfanden Priester auf Grund verdrängter Sexualität Lust dabei, diese vor neunjährigen Kindern *so ausführlich* zum Thema zu machen? Hörten diese Priester gerne, wenn ihnen kleine Kinder davon erzählen mussten, ohne etwas zu begreifen?!

All das nahm ich vor dem großen Fest in meine Seele auf, unverarbeitet, unverstanden, wo es über viele, viele Jahre rumoren sollte. Übrigens – im sechsten Gebot heißt es: »*Du sollst nicht die Ehe brechen!*« Wie konnten da kleine Kinder schuldig werden? Wussten die Priester das nicht? Sie hatten es genauso gelernt – man kann das in alten Moralbüchern aus der Zeit vor dem Zweiten Vatikanischen Konzil nachlesen.

Das Fest der Erstkommunion näherte sich und ich freute mich auf ein besonders schönes Fest. Ich war aufgeregt, wie bei allen Festen, konnte den Tag der Erstkommunion kaum erwarten, schlief fast gar nicht mehr und reagierte mit geringfügigen Atembeschwerden.

Die Feier in der Kirche war trotz meiner Nervosität schön, ohne dass ich mich an alle Einzelheiten erinnern kann. Zu Hause waren dann viele Gäste – Großeltern, Tanten, Onkel und viele Kinder. Es gab auch einige Geschenke, Kleinigkeiten, Nettigkeiten, die natürlich so kurz nach dem Zweiten Weltkrieg in keinem Vergleich zu dem standen, was heutzutage in dieser Hinsicht abläuft. Eine Nachbarin schenkte mir eine Schachtel hausgemachter Pralinen. War das eine Überraschung für mich! Eine Köstlichkeit! Es gab selbst gebackenen Kuchen, viel weniger als heute, aber es schmeckte.

Eine Tante hat mir die Feier der Erstkommunion gründlich verdorben – ich habe das nie vergessen. Ich mochte sie nicht so richtig. Sie wollte mir unbedingt vor allen Gästen einen Kuss geben. »Nein!« habe ich immer wieder gesagt. Ich habe mich so geschämt. All mein Wehren hat mir nicht geholfen. Sie ließ und ließ mich nicht in Ruhe, und alle Gäste verbündeten sich mit ihr und bedrängten mich unablässig. Ich wollte das aber unter keinen Umständen und fand das eklig und schämte mich immer mehr. Sie alle aber ließen mich nicht in Ruhe und hatten ihren Spaß dabei und sahen meine Not nicht. Schließlich bedrängte meine Tante mich, in ein anderes Zimmer zu gehen und bot mir Geld an, um mir dann den Kuss zu geben – die anderen würden das dann ja nicht sehen.

So habe ich dann ja gesagt, um endlich meine Ruhe zu haben. Sie hat mir dann den Kuss gegeben – auf den Mund –, ich fand es entsetzlich und eklig und habe sie gehasst – mit einem schlechten Gewissen, denn jemanden hassen, das war ja eine schwere Sünde ...

Das Fest ging weiter für die anderen, für mich war es vorbei. Meine Tante hatte mir mein Fest gründlich verdorben. Und weder meine Mutter noch irgend einer der anderen Gäste hat es gemerkt. Ich war wie immer stumm und schloss dieses Ereignis viel zu lange in meine Seele ein.

»Erholung« im Jülicher Land und sexuelle Gewalt

Ich war nun zehn Jahre alt. Der Hausarzt hatte einen Erholungsurlaub für mich empfohlen, der Pfarrer hatte sein Anliegen unterstützt und einen Bauernhof für mich ausgesucht, wo ich mich seiner Meinung nach erholen, besser essen und endlich zunehmen könnte – das Essen würde mir auf dem Bauernhof bestimmt gut schmecken und meine Mutter bräuchte mich nicht mehr zu füttern, was mit einem täglichen Donnerwetter verbunden war.

Für vier Wochen also fuhr ich in ein kleines Dorf in der Nähe von Jülich und fand Unterkunft auf besagtem Bauernhof. Obwohl ich Heimweh hatte, freute ich mich dennoch auf diese Zeit. Ob mein Bruder eifersüchtig war, weil er zu Hause bleiben musste? Ich hätte das gut verstehen können. Auf dem Bauernhof gab es viele Tiere, das fand ich großartig, und einmal durfte ich auf einem Pferd reiten und war stolz, obwohl ich auch etwas Angst hatte.

Es war ein trockener und heißer Sommer, ideale Voraussetzungen eigentlich, um mich so richtig zu erholen. Die Bäuerin und der Bauer verhielten sich allerdings reserviert und strahlten wenig Herzlichkeit aus. Beim Essen fühlte ich mich unbehaglich und es schmeckte mir nicht besonders gut. Da Erntezeit war, hatten die Bauersleute wenig Zeit für mich.

Vier Wochen sollte ich also hier bleiben – eine lange Zeit für mich. Auf die Dorfkinder zugehen konnte ich nicht, das war wie immer, und so war ich viel allein und fühlte mich einsam. Am Sonntag ging ich in die Kirche. Obwohl meine Mutter mich nicht kontrollieren konnte, hätte ich mich schuldig gefühlt, wenn ich nicht zur Kirche gegangen wäre. Selbstverständlich gingen Bäuerin und Bauer auch in den Sonntagsgottesdienst, wie das bei fast allen im Dorf üblich war. Der Dorfpfarrer war mir vom ersten Augenblick an unangenehm und flößte mir Angst ein – ein strenger, unnahbarer Mann!

Auch der Knecht, der auf dem Bauernhof arbeitete und bald eine üble Rolle in meinem Leben spielen sollte, ging wie selbstverständlich zur Kirche.

Es hätte eine gute Zeit der Erholung werden können, trotz der nicht optimalen Wirtsleute, trotz meiner Einsamkeit – hätte es in jenem Dorf diesen Knecht und diesen Pfarrer nicht gegeben.

Es fällt mir besonders schwer, das Folgende zu schreiben, es wühlt mich bis heute immer wieder auf und ich spüre das Schamgefühl so lebendig wie eh und je. Gerade deshalb muss ich dieses schreckliche Ereignis genau beschreiben. Ich sollte Opfer werden und war bestimmt nicht das einzige Opfer!

Zehn Jahre war ich gerade alt und viel zu jung, um zu spüren, ob ein Mensch mir gefährlich werden könnte. Der Knecht tat stets freundlich, wenn er mich traf, und erschlich sich auf diese Weise allmählich mein Vertrauen. Wie hätte ich in diesem Alter seine wahren Absichten ahnen können? Wie kann ein argloses Kind den Wolf im Schafspelz erkennen?

Er hatte alles ganz genau geplant. Mit teuflischer Schläue ging er ans Werk. Es war ein wiederum ein heißer, wolkenloser Sommertag, ich lief barfuß, trug nur eine kurze Turnhose, und mein Körper war braun gebrannt. Er nahm mich mit, und ich ging mit ihm – völlig ahnungslos. Er schob eine Schubkarre vor sich her, ich kann mich noch ganz genau daran erinnern, aber fragen Sie mich nicht, was darin war, ich weiß es nicht mehr. Wir entfernten uns immer weiter vom Dorf und gingen auf eine Grube zu, um dort ein wenig herabzusteigen. Was für eine Grube das war, habe ich ebenfalls nicht mehr in Erinnerung. Kein Mensch war in der Nähe – er hatte an alles gedacht und nichts dem Zufall überlassen.

Plötzlich zog er seine Hose herunter und stand nackt vor mir. Ich konnte mich nicht erinnern, einen Mann so schon einmal gesehen zu haben. Er stand genau rechts von mir. Ich erstarrte vor Furcht und konnte mich nicht mehr bewegen. Nun war all seine geheuchelte Freundlichkeit weg. »Ausziehen!«, fauchte er mich an und in seinen Augen sah ich ein gefährliches Funkeln. »Nein!« habe ich gesagt – ein zweites Nein hätte ich nicht überlebt. Schreien hatte keinen Sinn. Es war ja weit und breit niemand in der Nähe. Ich hätte aber auch, starr vor Schreck wie ich war, gar nicht schreien können, selbst wenn ich es gewollt hätte. Wie in Trance zog ich meine Turnhose aus, dann zwang er mich, ihn anzufassen und zu befriedigen, ich tat es mechanisch, ich fühlte mich wie tot, es war eklig, zum Kotzen! Er tat es auch an mir, ich war erst zehn Jahre alt, ich wusste nicht, wie mir geschah, ich verspürte nur Todesangst. »Kein Wort, zu keinem!«, war sein Befehl – und seine Drohung war für mich mehr als eindeutig.

Was dann geschah, ist völlig ausgelöscht, wie ich wieder ins Dorf kam, wie lange das dauerte, ob ich allein ging oder er mit mir – ich habe nicht die geringste Ahnung! Der Schock war total – alles nach der Vergewaltigung ist wie aus meiner Existenz ausgeblendet.

Viel später, es war wohl gegen Abend, fand ich mich wieder – völlig verwirrt – in der Nähe des Hauses meiner Gastfamilie. Abscheulich, beschmutzt, hässlich fühlte ich mich – obwohl *ich* doch das Opfer war und der Erwachsene der Täter! An einer Psychose bin wohl so gerade noch vorbeigekommen. Es dauerte noch lange, bis ich ins Haus ging. Es war wenigstens ein kleines Glück, dass der Knecht nicht im Hause des Bauern wohnte, aber das hat mir in meiner Angst natürlich trotzdem nicht geholfen. Bäuerin und Bauer haben nichts von meinem Schock gemerkt. Waren sie blind, das sie an meinem Gesicht und in meinen Augen das Grauen nicht mitbekamen?

Es sollte noch viel schlimmer kommen. Etwas war in mir zerstört – ich fühlte mich wie ein zerbrochener Krug, dessen Stücke man nach Gebrauch wegwirft. Schweigen *sollte* ich, hatte der Knecht mir befohlen, und bekennen *musste* ich: Die giftige Saat der damals praktizierten Beichtpraxis, an die man sich sklavisch zu halten hatte, wenn man nicht in die Hölle kommen wollte, ging nun voll auf. Dieser Zwiespalt zerriss mich innerlich. Ich bewegte mich tagelang im Niemandsland und nirgendwo entdeckte ich das Hinweisschild, das mich sicher an einen guten Ort geführt hätte ...

In dieser Verwirrung ging ich zur Beichte, schließlich hatte ich ja Unkeusches getan – der Knecht an mir und ich an ihm. Im totalen Schock beichtete ich – zehn Jahre war ich alt, ein Kind. Ich weiß nicht mehr, was ich in der Beichte gesagt habe – in mir tobten Konfusion, Angst, Scham und Schuldgefühle. Am liebsten wäre ich im Erdboden versunken.

War der Dorfpfarrer taub? Kannte er nichts von der Zerbrechlichkeit der Kinderseele? Er nannte sich doch Seelsorger! Ein fürchterliches Donnerwetter ging über mich los und meine Verwirrung wurde größer und größer. Was er alles genau gesagt hat, ich weiß es nicht, aber er hat mich so behandelt, wie ich mich seit der Vergewaltigung fühlte: wie ein Stück Dreck.

Gönnerhaft gab er mir am Ende die Lossprechung – das »Sakrament des Heiles« hatte ich empfangen dürfen, von Heil konnte allerdings nicht die Rede sein: Das krasse Gegenteil war der Fall.

Es ging mir nach der Beichte noch viel miserabler als vorher, der Dorfpfarrer (der Beichtvater!) hatte mir das Gefühl vermittelt, *ich* hätte etwas Schreckliches und Schmutziges getan. Meine Scham war grenzenlos. Ich wusste nicht mehr, wo ich mich hinwenden konnte, ich war heimatlos geworden, ich spürte die Verstoßung trotz Lossprechung und ich wurde wieder, was ich immer in Momenten der absoluten Hilflosigkeit wurde: stumm ...

Wie vielen Kindern mag es ähnlich ergangen sein wie mir, allein bei diesem Dorfpfarrer? Ich war ganz bestimmt kein Einzelfall. Ganz viel Hilfe und Trost hätte ich gebraucht, um alles herauszuschreien, was mir widerfahren war – das Gegenteil war der Fall. Gibt es eine Entschuldigung für den Dorfpfarrer? Die Wahrheit wird auch ihn einmal eingeholt haben, und das wird für ihn wie eine Hölle gewesen sein, auch wenn Gott im am Ende gnädig sein mag.

Angst und Ausweglosigkeit waren nun endgültig Grundlage meines Lebens. Wusste der Knecht, was ich da in der Beichte gesagt hatte? Ich ging ihm aus dem Weg, so weit mir das möglich war. Die Nächte wurden nun zum Albtraum. Ich lag wach da – bloß nicht einschlafen –, ich starrte dauernd auf die Tür meines Schlafzimmers und hatte das Gefühl, die Tür würde sich jeden Augenblick öffnen und der Knecht käme herein und brächte mich um. Todesangst – zum Wahnsinnigwerden.

Viele Nächte lag ich im Bett in stummem Schrecken und dem Gefühl, irre zu werden. Es war die Hölle. Und selbst bei den schlimmsten Albträumen habe ich nicht geschrien. Wurden zur gleichen Zeit die anderen verdrängten Ängste und Schuldgefühle aktiv, Ängste aus der Zeit, wo ich noch viel kleiner war, und die mich stets gezwungen hatten, still zu sein, zu schweigen, den Mund zu halten?

Die anerzogene Selbstdisziplin verbot mir, durchzudrehen. Hätte ich die Kontrolle verloren, ich hätte wohl nur noch geschrien. Was wäre aber dann gewesen? War es besser, dass ich stumm blieb? Meine psychosomatische Überlebensstrategie war, mit Asthma zu reagieren, doch meine Angst wurde dadurch noch größer. Zum Glück klang das Asthma bald ab – aber die Nächte blieben grauenvoll.

Was kann ein kleines Kind alles aushalten? An Erholung war nicht mehr zu denken! Vorbereitete Karten hatte ich von zu Hause mitgebracht, die Heimatadresse stand schon darauf, ich brauchte sie nur auszufüllen und meiner Mutter zu schreiben, wie es mir ging. Es war mir aber unmöglich, zu schreiben! Natürlich wurde so das schlechte Gewissen größer und größer. Ein ungehorsames Kind, so würde meine Mutter sagen, ein durch und durch undankbares Kind, so lehrte es auch die Kirche ...

Es gab kein Entrinnen aus dieser Hölle, und Bauer und Bäuerin merkten nichts. Am allerletzten Tag meines sogenannten Erholungsurlaubes, als eine Höllenfahrt meines Lebens zu Ende ging, schrieb ich aus Angst vor meiner Mutter auf alle Karten einige Zeilen mit vielen Fehlern, obwohl ich doch ein guter Schüler war. Ich warf die Karten in den Briefkasten, bevor ich nach Hause fuhr.

Voller Angst stand ich vor meiner Mutter. Mit einem Donnerwetter wurde ich empfangen, wie ich befürchtet hatte. Keine Frage, weshalb ich nicht geschrieben hätte. Keine Frage, wie ich mich fühlte und was ich erlebt hätte. Kein gutes Wort, keine Umarmung (das gab es ja sowieso nicht): Ich war ja auch ein böses, undankbares Kind.

Meine Mutter war beleidigt und wütend auf mich. Einen Tag später kamen die Karten an. Meine Mutter hatte nicht gemerkt, was mir widerfahren war – war sie blind? Sie hat es auch später nie erfahren. 30 Jahre lang habe ich das Erlebnis der Vergewaltigung in meiner Seele eingeschlossen. 30 Jahre lang tickte in mir eine Zeitbombe mit irreparablen Langzeitfolgen!

Die Zeit nach dem Missbrauch
Im Elternhaus

Wir wohnten in Viersen in einem großen Mietshaus. Die Wohnung hatte einen Balkon, was ich sehr schön fand, und einen kleinen Garten mit einem Blumenbeet. Wenn Tulpen und weißer Flieder blühten, war ich beglückt: Noch heute mag ich Blumen sehr. Wir wohnten beengt, Küche, zwei Schlafzimmer und eine größere Toilette – ein Badezimmer hatten wir nicht. Im Keller gab es noch einen Raum für Kohlen, Briketts, Kartoffeln, Gemüse, eingemachtes Obst und hausgemachte Marmelade.

Unser Leben spielte sich vor allem in der Küche ab. Wir waren arm, und von der Rente meiner Mutter allein konnten wir nicht leben. So saß meine Mutter fast den ganzen Tag bis in den späten Abend vor der Nähmaschine und nähte Herrenhemden. Glücklich über so viel Arbeit war sie sicher nicht. Immerhin war sie so fast den ganzen Tag zu Hause.

Sie hätte gern als Näherin die Meisterprüfung gemacht, aber auf Grund einer Gesetzesänderung fehlten ihr die notwendigen Gesellenjahre. So wurde sie, obwohl sie alle Kurse mit Erfolg abgeschlossen hatte, zur Meisterprüfung nicht zugelassen. Das hat sie gekränkt. Wir waren, auch was Kleidung betraf, vom Sozialamt abhängig.

Nicht weit weg von unserer Wohnung hatten wir noch ein kleines Feld. Der Vater meiner Mutter kam oft und arbeitete in Feld und Garten. Er pflanzte vor allem Gemüse und Kartoffeln an. (In den Geschäften gab es ja nach dem Krieg zunächst kaum etwas zu kaufen.) So hatten wir etwas mehr zu essen. Mein Bruder musste dem Großvater helfen, was er nicht gerne tat, verständlicherweise, arbeitete er meinem Großvater doch zu langsam, was diesen oft wütend machte. Ich selber war kaum in der Lage, in Feld und Garten zu helfen.

In unserem Garten gab es auch noch Erdbeeren, Johannisbeeren und Stachelbeeren. Die schmeckten uns gut. Am Ende des Gartens stand ein Hühnerstall, so hatten wir Hühner und einmal sogar Enten und waren mit Eiern gut versorgt. Zeitweise stand dort auch noch ein Stall mit Kaninchen. Das Schlachten von Hühnern und Kaninchen konnte ich mir unmöglich ansehen. Sobald Großvater anfing, dieses blutige Geschäft vorzubereiten, war ich weg ...

In den Geschäften gab es, wie gesagt, in den ersten Jahren nach dem Krieg kaum etwas Essbares zu kaufen. Es gab Essensmarken, und einige zusätzliche Essensmarken wurden von unserem Hausarzt verschrieben, vor allem mir, gelegentlich auch meinem Bruder: hauptsächlich Essensmarken für Butter und Milch, weil ich starkes Untergewicht hatte. Das Essen, das Mutter auf den Tisch brachte, war knapp bemessen und häufig zu wenig in der ersten Zeit nach dem Krieg. Und wie konnte man für den langen Winter vorsorgen?

Da unsere eigene Ernte aus Garten und Feld bei weitem nicht ausreichte, hieß es »Kartoffeln hacken«, und ich musste da auch mitmachen. Hatte ein Bauer die Kartoffeln auf seinem Feld geerntet, dann hackten wir nach Kartoffeln, die hier und dort stecken geblieben waren. Wir nahmen zum Teil auch Kartoffeln von Feldern, die noch nicht abgeerntet waren, man nannte das nach dem damaligen Kölner Kardinal Frings: »*fringsen*« (das war das von Gott erlaubte *Besorgen* von Kohlen und Äpfeln und Ähren und Kartoffeln und anderen lebensnotwendigen Dingen, die irgendwo und irgendwie abfielen, und wer von den Armen nicht schon einmal fringsen ging, drohte möglicherweise Hungers zu sterben).

Wir sammelten auch Ähren von abgeernteten Feldern, Ähren, die vereinzelt dort noch lagen, eine äußerst mühsame Arbeit, ich tat das ungern, damit unsere Hühner etwas zu fressen hatten. Wir Kinder nahmen uns auch die eine oder andere Zuckerrübe vom Feld eines Bauern mit – die schmeckten uns gut.

Da meine Mutter eine gute Näherin war, ging sie regelmäßig zu zwei Bauern und nähte für sie. Natürlich bekam sie kein Geld für ihre Arbeit, wohl aber Brot, Gemüse und Obst. Wir Kinder bekamen vom Bauern regelmäßig ein Butterbrot und durften Äpfel – Fallobst – aus seinem Obstgarten sammeln und mit nach Hause nehmen. Aus Kartoffelschalen backte meine Mutter öfter Reibekuchen: Wir Kinder haben das gar nicht gemerkt, die Reibekuchen schmeckten prima. Brennnesselgemüse war eine weitere Spezialität unserer Küche, und so hatten wir gerade genug zu essen und brauchten keinen *richtigen* Hunger zu leiden.

Meine Mutter wartete täglich auf die Heimkehr meines Vaters. Sie konnte sich einfach nicht vorstellen, dass er tot sei und nie mehr nach Hause kommen würde. Täglich ging ich zum Briefkasten, um nachzusehen, ob Post von meinem Vater gekommen war, und jeden Tag war ich erneut enttäuscht (und das über einen langen Zeitraum), dass kein Brief von ihm kam, hatte ich doch nach den Worten meiner Mutter einen großartigen Vater, und nach diesem Vater hat sich mein ganzes Herz gesehnt.

Nach Jahren vergeblichen Wartens ließ meine Mutter meinen Vater für tot erklären. Sie tat das nicht, weil sie glaubte, er sei wirklich tot, sondern weil sie auf die Witwenrente angewiesen war.

Den allerletzten Brief hat mein Vater kurz vor dem Ende des Krieges an uns geschrieben. War er noch in russischer Kriegsgefangenschaft? Starb er dort in einem russischen Lager? Oder ist er am Ende des Krieges an der Front gefallen? Wahrscheinlich ist, dass mein Vater in einem Massengrab in der Nähe der Beresina begraben liegt, wo genau – das haben wir nie erfahren können. Aber aller Wahrscheinlichkeit nach hat mein Vater zuletzt an der Beresina gekämpft und wurde von russischen Truppen eingekreist, wie Kriegskameraden es später andeuteten. Wann und wo und wie er umgekommen ist, werde ich nie erfahren.

Da meine Mutter nicht aufhörte, zu glauben, er käme doch noch eines Tages aus der russischen Kriegsgefangenschaft nach Hause, wurde nie wirklich über seinen Tod getrauert, und das war schlimm für uns alle. So blieben Trauer und Schmerz über den Tod meines Vaters tief in mir begraben.

Einmal besuchte uns der Schneider aus jenem Dorf, wohin uns die »Kinderlandverschickung« verschlagen hatte – er hat meine Mutter wohl geliebt. Mein Vater war aber für meine Mutter der »Märchenprinz« gewesen, so dass kein anderer Mann einen Platz in ihrem Herzen bekommen konnte. Wofür brauchte sie diese idealisierte Person, den »Märchenprinzen«? Wegen ihres eigenen Vaters, vor dem sie in die Ehe geflohen war? Wer war mein Vater für mich in Wirklichkeit gewesen? Die Antwort hat er mit ins Grab genommen.

Trotz der schlimmen Erfahrungen mit ihrem Vater fuhren wir jeden Sonntag mit der Mutter mit der Straßenbahn zu ihren Eltern und ihrer Schwester. Mit der Straßenbahn fahren fand ich toll: Straßenbahnfahrer war mein erster Traumberuf. Doch das sollte sich bald ändern.

Ab und zu fuhren wir auch zu den Eltern meines Vaters. Dort fühlte ich mich viel wohler als im Elternhaus meiner Mutter. Dort tat mir niemand weh und ich brauchte auch vor niemandem Angst zu haben. Einmal bin ich dort im Garten auf den Kirschbaum geklettert. Der Kirschbaum stand am Ende eines großen Gartens. Wie alt ich genau war, weiß ich nicht mehr. Allerdings war ich noch klein. Ich war behände im Klettern und stets auch vorsichtig. Aber leider brach ein Ast ab, ich stürzte vom Baum herunter. Meine Mutter war böse auf mich, als sie das erfuhr und schlug mich. Auf einmal bekam ich keine Luft mehr und lief blau an. Meine Mutter verlor den Kopf, wusste nicht, was sie tun sollte. Ich war in akuter Gefahr zu ersticken. Meine Großmutter schrie: »Halte ihn mit dem Kopf unter den Wasserhahn!« Meine Mutter tat das, so schnell sie konnte. Der Schreck durch das eiskalte Wasser ließ mich sofort wieder atmen. Noch lange fühlte ich mich total erschöpft.

Nach diesem Geschehnis hat meine Mutter mich nur noch selten geschlagen. Es gab für sie aber noch eine andere Möglichkeit, mich zu bestrafen und mir dabei weh zu tun. Sie nahm mein Ohr und drehte fest daran, bis es ganz rot wurde. Das schmerzte natürlich höllisch. Waren es nur ihre schlechten Nerven, oder war das für sie auch irgendwie lustvoll? Viele Eltern taten das damals so oder ähnlich.

Meinen Trotz hat meine Mutter ganz schnell gebrochen. Ich musste mich in die Ecke stellen. Ich war das böse Kind für meine Mutter und so empfand ich

43

mich auch. Aber schon bald war ich das brave und angepasste Kind, das sie sich immer gewünscht hatte. Ich hatte Angst vor meiner Mutter und zog mich in die resignierte Haltung des Angepasstseins zurück.

Wenn wir von einem Besuch bei den Großeltern väterlicherseits zurückkamen, gab es oft ein Donnerwetter. Dort waren immer viele Enkelkinder und wir waren den Erwachsenen viel zu laut. Ein böses Kind sei ich, dieses Gefühl wurde mir dann von meiner Mutter vermittelt. Ihr stetiges Nörgeln empfand ich als schlimm. Jeden Tag gab es Kämpfe wegen des Essens, bis zu meinem zwölften Lebensjahr. Sie fütterte und bedrängte mich beim Essen ununterbrochen: »Nun iss endlich! Du musst kauen! Nun schluck endlich den Bissen herunter!«

Zunächst sagte sie das noch ruhig, aber am Ende schrie sie immer lauter: und das jeden Tag über viele Jahre hin. Das Essen wurde für mich immer mehr zur Hölle. Das Schreien der Mutter hat natürlich nicht geholfen. Mein Untergewicht blieb. Meine Mutter war überfordert, da war ja niemand, der ihr in Erziehungsfragen und der Bewältigung des Alltags zur Seite stand, und so reagierte sie verständlicherweise immer wieder entnervt.

Ermutigung, Nähe, Trost hätte ich so dringend gebraucht, und so waren meine Mutter und ich in einem steten Dilemma gefangen: Sie konnte mir nicht geben, was sie selbst nicht bekommen hatte. Im Gegenteil, ihr Leben in ihrem Elternhaus war auch sehr schwer gewesen, wie schwer genau, das hat sie mir nie erzählt. So wird die Eishausatmosphäre von einer Generation an die andere weitergereicht, bis einer es endlich schafft, mit ganz viel Hilfe von außen das Eishaus zu verlassen ...

Während mein Bruder im Garten arbeiten musste und auch sonst schwere Arbeiten zu verrichten hatte, musste ich täglich Staub wischen und meiner Mutter beim Abtrocknen helfen. Das Staubwischen an den Samstagen war für mich immer eine Katastrophe, denn meine Mutter muss wohl an Samstagen besonders schlecht gelaunt gewesen sein.

Wir hatten einen Ofen, der auf gläsernen Füßen stand. Diese gläsernen Füße musste ich besonders sorgfältig vom Staub befreien. Ich nahm mir dafür noch zusätzlich zum Staubtuch einen Pinsel, bückte mich bis zum Boden und reinigte die gläsernen Füße vom Staub – ganz besonders gründlich. Und ich hatte schon während der Arbeit Angst vor Mutters Reaktion, wusste ich doch, was dann regelmäßig kam. Meine Mutter kniete sich hin und suchte und fand jedes Mal noch ein Stäubchen, und dann war die Hölle los, jeden Samstag, obwohl ich mir immer besonders viel Mühe gegeben hatte: Ich hatte keine Chance. Es war nie gut genug! Ich war nie gut genug! Ich war ihr Blitzableiter! Wem galt ihre fürchterliche Wut? Ihrem Vater? Den Priestern ihrer Kindheit und Jugend? Aber das alles wusste ich ja damals noch nicht und war, wie die meisten Menschen meiner Generation, in keiner Weise dahingehend erzogen, mir kritische Gedanken zu machen oder Handlungsweisen von Erwachsenen zu hinterfragen: Ich war dazu erzogen, die Schuld bei mir zu suchen, mich anzuklagen, denn »*Du sollst Vater und Mutter ehren*« ...

Es gab kein Badezimmer in der Wohnung: Wer von den einfachen Leuten hatte schon ein Badezimmer? Und so mussten mein Bruder und ich in der Küche in einer kleinen Wanne baden. Das war nach dem sexuellen Missbrauch ganz besonders schlimm für mich. Ich schämte mich meiner Nacktheit so sehr! Das sollte später noch viel schlimmer werden.

Ich schlief mit meinem Bruder in einem sogenannten »Anderthalbbett«. Ich lag an der Wand und eigentlich war das alles viel zu eng. Ich hatte wenig Platz, und so stritten wir Brüder uns regelmäßig im Bett, statt friedlich zu schlafen. Mein Bruder war bedeutend stärker als ich. Meine Angst vor dem Einschlafen wurde immer größer. Mein Bruder könnte mich dann ja umbringen, wenn ich eingeschlafen wäre ...

Heute weiß ich schon, dass mein Bruder das nie getan hätte. Was habe ich alles auf meinen Bruder übertragen? Traumatische Erlebnisse vom Anfang meines Lebens? (Auch davon hatte ich ja damals nicht die geringste Ahnung.) So waren die Nächte über viele Jahre mit Angst und Panikattacken besetzt. Niemand hat das je mitbekommen.

Einmal hatte ich ziemlich schlimmes Asthma. Meine Mutter gab mir eine Tablette und ging sofort in ihr Schlafzimmer zurück. Ich schluckte die Tablette. Ich hatte Angst zu ersticken und wagte es, ganz leise vor Angst zu stöhnen. Meine Mutter kam aufgebracht zu mir und schimpfte, ich solle augenblicklich still sein, sonst könnte ich etwas erleben. Und ich war still. Die Angst vor dem Ersticken war unerträglich.

Nach einer halben Stunde wirkte die Tablette und ich konnte wieder ein wenig leichter atmen. Meine Todesangst hat meine Mutter nicht wahrgenommen. Eine Viertelstunde an meinem Bett bleiben, meine Hand halten, ihre Hand behutsam auf meine Brust legen hätte mir gewiss geholfen – viel mehr wahrscheinlich als die Tablette! Sie konnte es nicht, ich muss es noch einmal betonen, sie hatte so etwas auch nicht erfahren und war total überfordert als allein erziehende Mutter mit zwei Jungen.

Ich wünschte mir von ganzem Herzen eine Puppe, oft habe ich diesen Wunsch geäußert. »Nein!«, war stets die Antwort meiner Mutter. »Ein Junge spielt nicht mit einer Puppe!« »Du bekommst keine Puppe!« Ich weiß nicht mehr, wie alt ich war, als ich die Bitte nach einer Puppe zum ersten Mal äußerte. Es hat sehr, sehr lange gedauert, bis meine Mutter mir schließlich eine kleine Stoffpuppe schenkte. Ich war überglücklich damit.

Eines Abends waren mein Bruder und ich lauter als sonst, und dabei sollten wir doch ruhig sein und schlafen! Mutter ermahnte uns, aber an diesem Abend half das nicht. Wir hatten einfach einen unruhigen Abend, waren vielleicht ein wenig aufgedreht, wie Kinder das doch einmal sein dürfen! Da drehte meine Mutter völlig durch. Wutentbrannt kam sie mit einem Holzlöffel in der Hand. Sie zog mir die Schlafanzughose herunter und schlug mit dem Holzlöffel zu und wollte nicht aufhören. Ich habe gebettelt und gebettelt, sie möge doch aufhören, es tat so entsetzlich weh, es hat nicht geholfen, sie war wie taub. »Hör doch bitte auf! Ich will immer brav sein!« Ich weiß nicht, wie lange sie geschlagen hat. Ihre Nerven lagen völlig blank. Ich fühlte mich auf der einen Seite schuldig und böse, auf der anderen Seite verstand ich diese Überreaktion nicht. Wut und Hass auf meine Mutter konnte und durfte ich nicht zulassen, ich hätte das ja in der Beichte sagen müssen. Mir tat alles weh – innen noch mehr als außen. Meinem Bruder erging es nicht besser ...

In den Nächten hatte ich immer wieder denselben Albtraum. Ich war ein winziger Punkt im Weltall, allein gelassen, einsam, und die dadurch ausgelöste Panik war unerträglich, aber selbst im Traum blieb ich stumm: Wo andere wie am Spieß geschrien hätten, – eine völlig natürliche archaische Situation: der Hilfeschrei! – blieb ich still, um niemanden zu stören bzw. auf mich aufmerksam zu machen? Kann ein Kind noch stummer sein?

Ich wurde bei diesem Albtraum dann stets wach, fand aber für eine Weile nicht in die Wirklichkeit zurück. Nur eines ging dann noch. Aufstehen, Licht anmachen, das alles ganz leise natürlich. Es dauerte bis zu einer halben Stunde, bis ich wieder in der Wirklichkeit war. Das steigerte die Panik bis ins Unendliche. Eine Panik, die sich nicht äußerte, die sprachlos war, von der niemand in meiner nächsten Umgebung ein Ahnung hatte.

Heute weiß ich, wie nahe ich an einer Psychose war. Gott sei Dank, dass ich davon verschont blieb. Selbst meine Mutter hat von all dem nichts mitbekommen und erzählen konnte ich es ihr auch nicht. Der Traum sagte schon die Wahrheit: Ich war ja auch immer ganz allein in meiner Angst und Not, allein gelassen und verraten, betrogen um eine gute Kindheit.

Es gab noch drei weitere Albträume, die immer wieder kamen. Stiere, Kühe, Hunde verfolgten mich, und sie alle wollten mich töten, und ich kleiner Knabe allein auf weiter Flur, ich rannte und rannte und rannte, bis ich wach wurde und sich alles so abspielte, wie ich es soeben erzählt habe ...

Im Winter musste ich, wenn ich mit meinem Fahrrad nach Hause kam, durch den dunklen Keller. Meine Mutter wusste schon um meine Angst, aber nicht, *wie* schlimm und unerträglich sie war. Es war der Keller des großen Mietshauses, und es kam jedes Mal die panische Angst hoch, ein Mann hätte sich in einer Ecke versteckt und wollte mich umbringen. Ich weiß nicht, wie ich es geschafft habe, den für mich unendlich weiten Weg durch den Keller zu schaffen, um dann oben in der Wohnung anzukommen. Hinter jeder höheren Hecke vermutete ich einen Mann, der mich umbringen wollte. (Woher kam diese Angst?) Und oft war ich emotional mehr tot als lebendig und habe wie immer geschwiegen.

In den Nächten nach dem Krieg kamen Russen und plünderten in den Häusern. Meine Mutter hatte einen Knüppel neben ihrem Bett liegen. Die Nähmaschinen schoben wir jeden Abend vor die Etagentür. Geholfenn hätte das nicht, wenn die Russen gekommen wären. Wir wussten das alle. Bald läuteten die Glocken, wenn die Russen wieder nachts unterwegs waren. Da haben diese Russen, die deutlich in der Minderzahl waren und von ihrem Militärgericht auch verurteilt wurden, wenn sie geschnappt wurden, das Plündern schließlich aufgegeben.

Der Bruder meines Vaters war Alkoholiker. Einmal schellte er bei uns in betrunkenem Zustand und meine Mutter öffnete ihm und ließ in eintreten. Ich werde diese Nacht mein Lebtag nicht vergessen. Der betrunkene Onkel versetzte mich in Panik. In der nächsten Nacht kam mein Onkel wieder betrunken an und diesmal hat meine Mutter ihn nicht hereingelassen. Noch lange hat er draußen lautstark randaliert. Ich hatte Angst und habe mich meines Onkels geschämt. Dasselbe machte dieser schreckliche Onkel bei meiner Tante, seiner Schwester ...

In der Schule

Ich besuchte die Volksschule bis zum zwölften Lebensjahr. Weil es nach dem Krieg zu wenig zu essen gab, wurde in der Schule Suppe an die Kinder ausgeteilt. Gelegentlich gab es vom Lehrer auch eine Tafel Schokolade für jedes Kind. Einmal hatte ich die Tafel Schokolade gerade erhalten und auf mein Pult gelegt und einen Augenblick nicht aufgepasst, da war die Schokolade weg, einfach geklaut! Darüber war ich verständlicherweise traurig. Der Schulrektor untersuchte alle Taschen meiner Mitschüler, fand die Schokolade aber nicht. Da mussten sich alle aufstellen und die Hände hoch halten, und schon lag die Schokolade auf dem Boden. Dem Schüler, der sie gestohlen hatte, ging es danach gar nicht gut, empfing er doch eine tüchtige Tracht Prügel. Ich war froh, die Schokolade wiederzuhaben, es war eine seltene Köstlichkeit für uns Nachkriegskinder. Ich nahm die Schokolade mit nach Hause, und wir legten sie bis Weihnachten zurück, was uns natürlich schwer fiel. Zu Weihnachten konnten wir dann die Schokolade genießen.

Unsere Schule war im Winter nicht geheizt. So saßen wir in Mänteln in der Schule und froren. Später gab es in jeder Klasse einen Ofen im Winter, und wir setzten uns so nah wie möglich an den Ofen, um von der Wärme möglichst viel mitzubekommen. Dennoch war es nie warm genug.

Ich besuchte eine reine Jungenschule, wie es damals üblich war. Trotz all meiner Ängste und Nöten war ich einer der besten Schüler in meiner Klasse. Freunde fand ich in meiner Klasse aber keine und fühlte mich einsam. Wie gerne hätte ich doch wenigstens einen Freund gehabt! Ohne Freunde – so sollte es die ganze Schulzeit bleiben.

Lehrerinnen und Lehrer hatten einen Stock und machten davon regelmäßig Gebrauch, mehr oder weniger. Kleinen Kindern durch die Prügelstrafe Angst einjagen war während meiner Schulzeit allgemein üblich. Und ich hatte besonders viel Angst. Nur ja nicht auffallen! Nur ja brav sein! Nur ja die Hausaufgaben immer dabei haben! Sich zu Hause beschweren, wäre in der Regel sinnlos gewesen, möglicherweise hätte es eine weitere Tracht Prügel gegeben. Lehrerinnen und Lehrer hatten immer recht.

Eine Lehrerin hatte einen religiösen Wahn. Sie machte fast nur Religionsunterricht. Ihr Religionsunterricht machte mir besonders viel Angst. Es kam häufig vor, dass sie Kinder mit dem Stock misshandelte. Einmal war ich ihr Opfer! Ein Radiergummi war mir durchgebrochen, weil ich vor lauter Angst so nervös war. Das war mein Verbrechen! Ich musste nach vorne kommen und mich über das Pult legen. Dann schlug sie mit dem Stock zu, immer und immer wieder. Was hatte ich verbrochen? Sie war eine sadistische Frau und hatte ihre Sättigung daran, kleine Kinder zu quälen. Zum Glück beschwerten sich nach einiger Zeit in diesem Fall alle Eltern meiner Klasse, und so wurde sie versetzt. Aber mir hat das wenig geholfen: Ich war ihr Opfer geworden, ich, ein Kind, das in Wahrheit nichts getan hatte, nichts!

Bibelunterricht hatten wir bei einer anderen Lehrerin. Wir mussten die Bibel auswendig lernen und wehe uns, wir hätten das nicht getan, oder jemand wäre beim Aufsagen einer Bibelstelle stecken geblieben. Dann nahm sie den Stock und schlug so hart sie konnte auf die Fingerspitzen der Kinder. Bitte versuchen Sie sich Angst und Schmerzen der Kinder vorzustellen. Jede Stunde bei ihr sah ich beklommen entgegen, obwohl ich ganz viel zu Hause geübt hatte. Sie erzählte viele Geschichten aus dem Alten Testament. Genauso wie es dastand, genauso hatte sich alles ereignet, und genauso erzählte sie es in allen Einzelheiten und schmückte es noch tüchtig aus.

Sie sprach von Adam und Eva und dem Paradies. Die Schlange habe Eva verführt, von dem verbotenen Baum zu essen. Eva – die Frau – wurde somit zur Verführerin des Adam. Und Gott war ein strenger Gott, der die ersten Menschen unerbittlich bestrafte. Gott selber jagte die Menschen aus dem Paradies und fortan hinderten Engel die Menschen, das Paradies wieder zu betreten. Ganz genauso habe es sich ereignet. So sei Gott, wenn der Mensch schuldig werde. Sie flößte mir mit ihren Schilderungen große Angst ein, fühlte ich mich doch nach dem Missbrauch ständig schuldig. Und Kain habe aus Eifersucht seinen Bruder Abel umgebracht, ihre Augen nahmen einen regelrecht blutrünstigen Ausdruck an, wenn sie das erzählte. Und wir Kinder saßen stumm und starr da und glaubten ihr, es gab keine Alternative. Unsere Furcht vor Gott wurde von Bibelstunde zu Bibelstunde größer – von Liebe keine Spur. Und weil die Menschen so böse waren, habe Gott selber sie alle in der großen Sintflut vernichtet, weil er zornig war über die Menschen, weil es ihn reute, den Menschen geschaffen zu haben. Nur die Familie Noahs wurde vor der Flut verschont, fand in einer Arche Unterschlupf und Schutz, weil nur sie nicht gesündigt hatten. Gott ist ein Gott, der sich rächt wegen der Sünden der Menschen, ohne Gnade und Erbarmen, so sei Gott, und das glaubten viel zu viele. Glaubten sie es wirklich? Oder war es ihre Methode, Kinder zu verängstigen und mundtot, ja, unschädlich zu machen?

49

Die negativsten Erinnerung verbinde ich mit ihrer Erzählung von Abraham und Isaak. Gott verlangte von Abraham, um seinen Glaubensgehorsam zu prüfen, er solle ihm seinen einzigen Sohn Isaak als Brandopfer darbringen. Das wurde wiederum detailgetreu und naturalistisch erzählt. Abraham baute einen Altar und legte Holz darauf und band seinen Sohn Isaak auf dem Altar fest. Dann nahm Abraham sein Messer, um seinen Sohn zu schlachten und als Brandopfer Gott darzubringen. Im aller letzten Augenblick sprach ein Engel Gottes zu Abraham: »Töte deinen Sohn Isaak nicht, denn jetzt weiß ich um deinen Glaubensgehorsam.« »Genauso war es, so ist Gott!«, sagte die Lehrerin.

Und so war es an den meisten Schulen üblich, den Kindern Gott *nahe zu bringen.* Dies war die biblische Geschichte, die mir am meisten Angst und Schrecken eingeflößt hat. Ich habe diese Geschichte immer und immer wieder gelesen. Brachte ich sie unbewusst mit meinem Vater in Zusammenhang? Was rumort da noch bis heute in meiner Seele?

Und Gott schickte den Ägyptern Plagen, und er verstockte das Herz des Pharao. Und Mose hatte einen Stab in der Hand, und im Namen Gottes kamen die Plagen über das ägyptische Volk, Heuschrecken und Frösche, und das Wasser der Flüsse wurde zu Blut, und die erstgeborenen Kinder der Ägypter wurden getötet, im Namen Gottes, so ist Gott, so wollte es Gott. Und Gott selber war es, der den Pharao und sein ganzes Heer im roten Meer ertrinken ließ, weil es den Pharao reute, dass er die Israeliten hatte ziehen lassen, so ist Gott, so hat Gott es gewollt ... So wurden Schulkinder biblisch bombardiert, Stunde um Stunde, da gab es kein Entrinnen ...

Auch meine Angst vor Gott wurde immer größer und größer. Und dann erzählte die Lehrerin: »Jesus ist für euch, auch für dich, am Kreuz gestorben, weil ihr, weil du so böse bist! So hat Gott das gewollt! Nur so werden eure Sünden getilgt!« Welche Sünden? Wir waren doch Kinder! Schuldig, schlecht, böse, schmutzig, minderwertig habe ich mich gefühlt. Stund um Stund. Und von Folterung und Geißelung und Dornenkrönung und der Kreuzigung Jesu erzählte die Lehrerin auf ihre eindringliche und gefühllose Art, wie es schlimmer nicht hätte sein können. Hat ihr das Spaß gemacht? Oder war sie auch ein Opfer der rigorosen Lehre der Kirche?

Den Katechismusunterricht hatten wir stets beim Kaplan und der schlug genauso wie alle Lehrer und Lehrerinnen. Einer unter ihnen war besonders schlimm und trat die Kinder sogar mit Füßen. Der Kaplan bestätigte alles, was die Lehrerin im Bibelunterricht mit uns durchgenommen hatte: »Genauso,

Wort für Wort, wie es in der Bibel steht, genauso hat sich alles ereignet, Gott ist ein unerbittlich strafender Gott, es sei denn, ihr bereut und geht zur Beichte!«

Die Städte Sodom und Gomorrha hat Gott selbst vom Erdboden vertilgt, indem er Feuer und Schwefel vom Himmel regnen ließ, weil die Menschen so böse waren. Und die Frau des Lot erstarrte zur Salzsäule, weil sie, das Wort des Engels ignorierend, zurückgeschaut hatte auf die zerstörte Stadt:»So ist Gott!« Und das sagten auch viele Priester. Das war die eindeutige Lehre der Kirche, von Papst und Bischöfen allen als verbindlicher Glaube vorgelegt und von den Priestern verkündet – selbst kleinen Kindern! Zweifel durfte man keine haben – auch das wäre Sünde gewesen. Das alles habe ich als Kind Wort für Wort so geglaubt bis zum Alter von zwölf Jahren: Die Priester mussten es schließlich wissen!

Wussten Priester, Bischof und Papst nichts von der Kinderseele? Sie nannten sich doch Seelsorger! Die Ängste saßen nicht nur bei mir ganz tief. Katechismusfragen und Katechismusantworten mussten wir auswendig lernen, das vor allem war der Religionsunterricht der Priester. Mir und unzähligen Kindern und Erwachsenen hat das alles unendlich geschadet! Eine völlig falsch orientierte Religionspädagogik vergiftete unsere Herzen und lud uns einen seelischen Ballast auf, den man bis zum Lebensende kaum abgetragen bekommt.

In der Kirche

Jeden Sonntag stand der Besuch der Sonntagsmesse an. Jeder Katholik war unter Androhung des Begehens einer schwerer Sünde bei Nichtbefolgung verpflichtet, seine Sonntagspflicht zu erfüllen. Das war mir in Fleisch und Blut übergegangen, anders konnte es gar nicht sein. Ich hatte ein eng begrenztes Gewissen. Jeden Samstag war die sogenannte Salveandacht – auch sie besuchte ich regelmäßig und gerne. Maiandachten im Mai und Rosenkranzandachten im Oktober besuchte ich fast täglich. Für die Marienfrömmigkeit war ich empfänglich, da sie offenbar weniger mit Angst besetzt war. Ich war viele Jahre Messdiener, und das gerne. Unzählige Male habe ich in der Messe gedient, an Sonntagen wie an Werktagen.

In der Sonntagspredigt ging es häufig um Teufel und Hölle, nicht Frohbotschaft, sondern: Drohbotschaft – so kam es nicht nur bei mir an. Wenn die Welt untergeht, so wurde verkündet, kämen die Guten zur Rechten Gottes und für ewig in den Himmel, die Bösen aber, die ohne Beichte oder Liebesreue gestorben waren, zur Linken und so auf ewig in die Hölle. Jesus ist als Christus dann der Richter, der das Gericht über die Menschen vollzieht. Und es gab viele Erzählungen, wie es in der Hölle sei – vor allem sprach man vom ewigen Feuer der Hölle.

Wo würde ich einmal stehen, das war meine beständige bange Frage, zur Rechten oder zur Linken – würde ich einmal in den Himmel oder in die Hölle kommen? Was würde bei mir mehr wiegen, das Gute oder das Böse? Das Gericht hatte man sich als Waage vorzustellen, und wehe das Böse wog mehr! Im Buch des Lebens wird alles genau aufgeschrieben. Das Auge Gottes schaut jeden Augenblick auf mich und jeden Menschen, ob ich und andere etwas falsch machen. Meine Angst vor Gott wurde irrational. Aber zum Glück, so die Lehre der Kirche, gab es ja die Beichte. Allerdings wurden Beichtvorbereitungen und Beichte für mich nach dem Missbrauch immer zum Ort der Verdammnis, aus dem es für viele, viele Jahre kein Entrinnen gab. Die Angst vor der Beichte war nun mein täglicher Wegbegleiter. Die Keuschheit sei die höchste Tugend, sagten die Priester, und gegen das sechste Gebot zu verstoßen sei eine ganz besonders schlimme Todsünde.

Ich hatte das ja schon vor meiner Erstkommunion gehört und nicht verstanden. Jetzt wurde ausführlich beschrieben, was alles Unkeusches sei.

Todsünden seien, so lasen es die Priester aus Gebetbuch und Moralbüchern ab, unkeusches Denken, Fühlen, Sehen, Hören, Tun – bei sich und mit anderen. Das musste unter allen Umständen gebeichtet werden, in allen Einzelheiten, so forderten viel zu viele Priester es damals.

Meine Seele hat das immer mehr verwirrt, ich verstand das nicht, aber so musste es ja wohl sein, wenn Priester, Bischöfe und sogar der Papst das verkündeten. Und wenn das jemand nicht beichtet oder ohne Liebesreue stirbt, weil kein Priester erreichbar ist, dann kommt er für ewig in die Hölle – auch kleine Kinder!

Ich habe mich stets zu Tode geschämt vor den Priestern. Meine Not haben sie nie wahrgenommen. Die Priester waren für mich, ich deutete es bereits an, reine und heilige Männer! Diesen Status hatten sie ja quasi landesweit, und diese reinen und heiligen Männer redeten Kindern eine Unschamhaftigkeit ein, von der die meisten noch nicht einmal ahnten, was das war. Sie selbst haben manche Kinder erst darauf gebracht, nachzuforschen und das Natürliche als schmutzig zu betrachten.

52

Noch einmal – sie kannten doch den Wortlaut des sechsten Gebotes: »*Du sollst nicht die Ehe brechen!*« Und dann gingen sie hin und interpretierten das sechste Gebot in derart allgemeiner Weise, dass schon der Säugling zum Sünder wurde, denn die Mütter achteten peinlichst genau darauf, dass ihre Kinder sich niemals an der falschen Stelle kratzten! Das war Sünde! Oder hatten etwa Priester ihren Spaß dabei, von kleinen Kindern sogenannte unkeusche Dinge zu hören? Freiwillig taten wir es nicht, es war ein unbedingtes Muss! Sexuelle Gewalt in der Beichte? Vor allem gegenüber kleinen Kindern und Frauen? Ob es in der Kirche einmal ein Zeichen der Reue und eine Entschuldigung geben wird für alle, die damals Opfer einer rigorosen Beichtpraxis geworden sind? Bis heute ist davon nichts zu hören!

Bis zum Alter von zwölf Jahren war ich fest davon überzeugt, dass der Nikolaus und das Christkind jedes Jahr auf die Erde kommen, um den braven Kindern etwas zu schenken. Vor dem Nikolaus hatte ich viel Angst, vor dem Christkind überhaupt nicht. Weihnachten hatte so für mich einen ganz besonderen Glanz. Ich war wohl aus meiner Jahrgangsstufe derjenige, der am längsten an Nikolaus und Christkind geglaubt hat. Alle hatten es mir so beigebracht – Mutter, Lehrerinnen, Lehrer und Priester. Der Schock saß tief, als ich es erfuhr und mir eingestehen musste, dass das alles so nicht stimmte und nur kleine Kinder daran glaubten. Ganz plump und ungeschickt brachte man mir diese Wahrheit bei. Ich habe mich geschämt, dass ich das alles so lange geglaubt hatte. Dann kam ganz schnell die bange Frage, ob die Erwachsenen mich nur in diesem Punkt belogen hätten – meine Mutter, Lehrerinnen, Lehrer und Priester. Waren ihre anderen Behauptungen auch Lügen? So etwas wie Urvertrauen hatte ich nie erfahren – darum wohl auch die heftige Reaktion. Meine Not war groß – aber sie blieb allen verborgen. Niemand versuchte, mir die Weihnachtsgeschichte auf eine gute Weise zu vermitteln und mich so dem wahren Geheimnis von Weihnachten näher zu bringen.

Weihnachten hatte allen Glanz für mich verloren. Wie leicht hätte man mir erzählen können vom Engel Gottes, der im Traum Maria und dem Josef erschienen war, mit seiner Frohbotschaft von der Geburt Jesu! Wie leicht hätte man mir erzählen können von Engeln Gottes, die auch heute noch in den Träumen der Menschen erscheinen oder als leise Stimmen im Herzen der Menschen zu vernehmen sind, die noch heute sagen möchten: Gott hat dich und jeden Mensch ganz lieb!

Glaubten viele Priester das etwa nicht? Glaubten sie etwa nicht, dass Gott im Herzen der Menschen spricht, auch durch seine Engel? Taten zu viele anders als sie redeten? War ihr Glaube mehr im Kopf als im Herzen? Das sind meine Fragen heute – nicht die des Kindes von damals. Das Kind stellte sich nur die Frage, wo denn die Priester sonst noch die Unwahrheit gesagt haben könnten.

Meine Seele war durch rigorose Lehren und ungeschicktes Verhalten vieler Priester vergiftet. Das alles setzte sich tief in meine Seele fest und sollte mich viele Jahre an einem echten und lebendigen Leben hindern. Dass das alles damals so war, war wohl notwendig, sonst hätte ich nicht überlebt. Es gab ja niemanden, dem ich mich in meiner Not hätte anvertrauen können.

Jedes Jahr gab es eine Wallfahrt nach Kevelaer. Dort hingen viele Plaketten von Wunderheilungen auf die Fürbitte der Gottesmutter Maria. Dann würde ich ja wohl auch gesund werden, wenn ich nur richtig und andächtig betete, dachte ich damals. Enttäuscht fuhr ich jedes Mal nach Hause, und das sollte viele Jahre so sein. Was machte ich verkehrt? Oder war ich zu böse? Ich fühlte mich ja immer noch schmutzig und schuldig! Wie hätte ich auf diese Weise damals gesund werden können, war ich doch auch durch die Lehre der Kirche meiner Kindheit beraubt ...

Kein einziger Priester war da, der »mit dem Herzen sehend« auf meine Ängste und Qualen eingegangen wäre! Wäre ich nur einem einzigen Menschen begegnet, er hätte mit Geduld und Fürsorge mein Vertrauen gewinnen können. Aber auch unter den Seelsorgern gab es keinen solchen Menschen! Die Kirche mit den sieben Sakramenten des Heils: Viel zu viele Menschen konnten die Kirche so nicht erleben – eher im Gegenteil. Diese Wahrheit ist für jeden, der die Kirche ernst nimmt, lebt und vertritt, bitter und schmerzlich – aber nur die Wahrheit dient der Erneuerung. Bis ich das bewusst spüren sollte, musste noch eine lange Zeit vergehen ...

Die ersten Jahre auf dem Gymnasium

Den Priestern bei der Messe als Messdiener diente ich auch weiterhin mit viel Freude und Begeisterung. Es ist interessant, darüber nachzudenken, dass ich, trotz all der Schuldgefühle und Angst, die ich zu einem großen Teil Priestern zu »verdanken« hatte, den Wunsch hatte, selber Priester zu werden.

Aber – neben den schmerzlichen Erfahrungen (die ich ja nicht einordnen und noch weniger verstehen konnte und schon gar nicht in der Kirche den Auslöser dafür sah) sah ich das Gute in der Kirche, die Sorge um die Kranken etwa, viele Jahre war ich selber mit dem Kaplan bei der Krankenkommunion in den Häusern dabei, Armen wurde geholfen und manch ein Kaplan machte eine gute Jugendarbeit. Die alljährliche Fronleichnamsprozession (vor den meisten Häusern war ein kleiner Altar aufgebaut, die Straßen waren geschmückt und überall hingen Fahnen) war für mich eine herrliche Erfahrung.

Waren diese wenigen Dinge genug für eine Berufung zum Priestertum? Um diese Frage zu beantworten, war ich natürlich noch viel zu jung. Aber tief in mir war diese leise, jedoch deutliche Stimme: »Wähle diesen Beruf!« Was Gott mit mir da vorhaben konnte, war mir nicht bewusst. Aber Gott musste schon etwas Gutes mit mir vorhaben, auch wenn mein Weg noch durch manchen Tunnel führen würde ... Irgendwie habe ich das als Kind bereits gespürt. Ich sprach mit meiner Mutter über meinen Wunsch, und sie wie auch mein Heimatpfarrer hörten das gerne, auch wenn sie erhebliche Bedenken wegen meiner gesundheitlichen Verfassung hatten. Priester werden war etwas ganz Besonderes, so dachte man damals.

Der Leiter der Volksschule, der mich unterrichtete, äußerte auch Bedenken, nicht wegen meiner Leistungen, sondern wegen der stark angegriffenen Gesundheit. Ich aber blieb bei dem Wunsch, weil ich spürte, dass dies mein Weg sei.

(Wenn ich mit einem Buch in der Küche unserer Wohnung saß, spürte ich ebenfalls, wie angenehm mir diese kontemplative Tätigkeit war. Lesen bedeutete für mich unter anderem die Erforschung der Welt und des Lebens, und über zahllose Märchen, Karl May und später Dostojewski stieg ich immer tiefer hinein in dieses Geheimnis, das ich aber später einmal eben besonders von der einen, der religiösen bzw. katholischen Seite her ergründen wollte. Lesen wurde im Verlauf meiner Krisen zu einem der wenigen verlässlichen Momente meiner Existenz: Immer wieder verkroch ich mich stundenlang hinter einem Buch, um in eine Welt zu entfliehen, die schöner war als die von mir gelebte ... Dabei möchte ich allerdings nicht verhehlen, dass mich so manches Buch, das ich ein paar Jahre zu früh aus der Viersener Stadtbücherei entlieh, überforderte und mich dann wiederum bedrängte, verängstigte und ins Grübeln versetzte – zumal es niemanden gab, mit dem ich darüber hätte reden können.)

Die Aufnahmeprüfung für das Gymnasium, die man damals machen musste, war kein Problem. Und dann war ich schließlich in der Unterstufe des städtischen Gymnasiums. In den ersten Jahren hatte ich Glück mit den Lehrern. Sie waren mir wohl gesonnen und bedrängten mich nicht wegen meiner unsicheren und ängstlichen Art. Meine innere Not ist ihnen aber auch nicht aufgefallen. Schulprobleme gab es am Anfang nicht.

Meine Lieblingsfächer waren Sport, Religion, Deutsch und Mathematik. In Latein tat ich mich etwas schwerer, kam aber doch im Großen und Ganzen zurecht. Auffällig war für mich, dass ich im Kunstunterricht fast nur in der Lage war, Gitter und verschlossene Tore zu malen.

Das städtische Gymnasium war eine reine Jungenschule, wie es damals üblich war, die Geschlechter zu trennen. Es gab auch evangelische Klassenkameraden. Das war eine ganz neue Erfahrung für mich. In der katholischen Volksschule war nämlich kein Platz für die wenigen evangelischen Kinder aus meinem Ortsteil gewesen. Die katholische Kirche verbot, evangelische Kinder in die katholische Volksschule aufzunehmen. Sie mussten zentral in eine eigene evangelische Volksschule gehen. Evangelisch sein, so wurde uns vermittelt, musste etwas ganz Schlimmes sein, ähnlich einer ansteckenden Krankheit, wie nicht wenige Priester meinten, mit evangelischen Kindern durfte man nicht spielen. Ich hielt mich daran, ohne zu verstehen – die Manipulation durch die Erwachsenen und der Druck der Erwachsenen war zu groß! Nun waren aber auf einmal auch evangelische Jungen am städtischen Gymnasium, und bald wurde mir klar, dass sie Kinder wie alle waren ...

Wie schon in der Volksschule, so fand ich auch am Gymnasium keine Freunde. Die Art der Jungen war mir zu rau, und ich zog mich zurück. Ich war ihnen auch körperlich unterlegen. Und: Ich war es nicht wert, einen Freund zu haben, ich war zu »schmutzig«, und die anderen waren mehr wert und mir alle überlegen ... Zugleich spürte ich aber eine unendliche Sehnsucht nach Liebe und Freundschaft. Ich litt unter all dem sehr und fühlte mich einsam.

Nichtsdestotrotz war ich den Anforderungen des Gymnasiums durchaus gewachsen. Tief in meinem Herzen war ich zwar todunglücklich, ich konnte das aber gut verbergen. So stand ich unter einem permanenten Druck, vor allem durch den Beichtzwang, der zu allen übrigen menschlichen Schwierigkeiten wie ein Damoklesschwert über mir hing, und das Übelste daran war, dass ich unter diesem Druck stand, ohne zu begreifen weshalb. Brav und angepasst war ich, sehr blass und mit Untergewicht und fiel nicht besonders auf. Waren auch meine Lehrer blind und sahen nicht, in welcher Not ich mich befand? Oder kann ein Kind in diesem Alter sein Elend so perfekt verbergen?

Mindestens einmal pro Woche musste ich zu meinem Hausarzt und saß dort regelmäßig lange im Wartezimmer, um dann ein Rezept zu erhalten. Das Wartezimmer beim Arzt, so seltsam das klingen mag, war ein sicherer Ort für mich. Ich musste regelmäßig Medikamente einnehmen, was sich aber noch in Grenzen hielt. Innerlich fühlte ich mich immer mehr schuldig und schmutzig und wertlos, die häufigen Beichten – »Sakramente des Heiles« – halfen mir nicht nur nicht, sie waren für mich eine einzige Tortur und ich fühlte mich jedes Mal neu beschämt, erniedrigt und gedemütigt.

Am Gymnasium wurde im Unterricht glücklicherweise weniger geschlagen. Wer nicht gehorchte und zu wenig Leistung brachte, musste halt das Gymnasium verlassen.

Der Religionsunterricht war ähnlich wie in der Volksschule. Als Themen erschienen immer wieder die Lehren vom Teufel und Hölle, und das steigerte meine Ängste. Denn auch böse Kinder kommen möglicherweise in die Hölle, es sei denn, sie bereuen und gehen zur Beichte. Es gab Schüler und Lehrer, die das alles in Frage stellten, auch das hat sich in mir zum Glück eingeprägt, geholfen hat es mir aber nicht.

So verlief die Zeit der Unterstufe am Gymnasium äußerlich weniger dramatisch. Neurodermitis und Asthma waren einigermaßen erträglich und ich konnte mich regelmäßig am Sportunterricht beteiligen. Das Turnen an Geräten und auch das Bodenturnen lag mir besonders und machte mir Freude, und so bekam ich in Sport meistens eine »Eins«. Bei den Schulmeisterschaften im Geräteturnen errang ich sogar einmal den dritten Platz in meiner Altersstufe.

Pubertät

Die Zeit der Pubertät war für mich eine einzige Katastrophe. Es ist für jeden Jugendlichen eine Zeit des Suchens und tiefer innerer Unsicherheit – eine Zeit, in der auch Sexualität zum Thema wird. Ich war nun kein Kind mehr und noch lange kein Erwachsener. Sexualität war absolutes Tabuthema – zu Hause und in der Schule. Nur für die Priester war es nun noch mehr als sonst das Hauptthema – ich fürchte, dass dies weniger sachlich, sondern eher mit der Problematik einer zu unterdrückenden Sexualität zu begründen ist.

Mit Bestürzung stellte ich fest, dass von einem Augenblick zum anderen die meisten Jungen nicht mehr bei jedem Gottesdienst zur Kommunion gingen. Das war für alle sichtbar und fiel natürlich auf. Hatten diese Jungen besondere Gründe, der Kommunion fernzubleiben?

Es war für uns Jungen allerdings bestens »gesorgt«. Auf der einen Seite wurde die Todsünde der Unkeuschheit strengstens verurteilt, das durfte unter keinen Umständen sein, auf der anderen Seite gab es die sogenannte Monatsbeichte. Zu viele Priester bereiteten die Kinder besonders gründlich darauf vor, ich weiß das noch sehr genau. Man konnte ja sehen, was die Jungen Böses taten, blieben sie ja sogar der Kommunion fern!

Die Monatskommunion für uns Jungen sollte unter allen Umständen ein würdiger Empfang der Kommunion sein und unter keinen Umständen ein Gottesraub werden. Klar – neben unkeuschem Denken, Sehen, Hören und Fühlen sollten die Jungen vor allem über die Selbstbefriedigung sprechen und was sie möglicherweise Schlimmes mit anderen taten, denn die Selbstbefriedigung war ein besonders verabscheuungswürdiges Verbrechen. In der Beichte sollte bzw. musste darüber detailliert berichtet werden. Die einen Priester verhielten sich ganz rigoros, andere Priester waren schon zurückhaltender und manche auch taktvoll. Am Samstag zur Beichte und am Sonntag zur Monatskommunion – das konnte so gerade gut gehen.

Wie ging es den Mädchen in dieser Zeit? Die Mädchen gingen weiterhin bei jedem Gottesdienst zur Kommunion. Gab es bei ihnen so etwas wie unkeusches Tun nicht? Ob die Mädchen nicht noch viel mehr gelitten haben unter der Beichte als die Jungen? Wie viele Priester wurden gleichsam zu heimlichen »Voyeuren«, wenn pubertierende Jugendliche intime Dinge erzählen mussten – freiwillig hätten sie das nie und nimmer getan! Wer etwas verschwieg, der hatte vor Gott ungültig gebeichtet, und das war vor Gott sehr gefährlich, drohte doch die ewige Höllenstrafe ...

Wussten, fühlten die Priester nicht, dass Schweigen ganz viel mit Scham und Angst zu tun hat? Für mich wurde die Beichte zu einem unlösbaren Problem, zu einem Teufelskreis, aus dem es kein Entrinnen gab. Das Trauma der erlittenen sexuellen Gewalt im Alter von zehn Jahren und die Strafpredigt des Priesters trug ich noch immer verschlossen in meiner Seele.

Nicht zur Kommunion gehen bedeutete allen Gottesdienstbesuchern einschließlich meiner Mutter zu suggerieren, ich täte ganz schreckliche Dinge. Und was sollten nur die Priester von mir denken? Es ging ja um weit mehr als um unkeusches Tun! Als Messdiener nicht zur Kommunion zu gehen war noch weniger möglich. Aber Gottesraub, der unwürdige Empfang der Kommunion, wäre noch fataler gewesen ...

So wurde der Samstag für mich zum gefährlichsten Tag der Woche. Denn es hieß: beichten gehen, nicht freiwillig – ich empfand es als unbedingtes Muss! Was sollte ich bekennen? Oder sollte ich gar alles verschweigen? Es war wie ein Fluch über meinem Leben, und ich war bestimmt nicht das einzige Opfer, das sich in diesem grausamen Dilemma befand.

Mal deutete ich vorsichtig Dinge an, mehr zu sagen war für mich völlig unmöglich, da war diese Blockade aus Scham und Angst, ein anderes Mal verschwieg ich alles und das über Wochen und Monate. Kein Priester hat gemerkt, in welcher entsetzlichen Not ich mich befand. Ich saß in der Falle und das über viele Jahre. Ungültig beichten durch das Verschweigen der vermeintlich schwerwiegendsten Sünde, die ein Kind begehen konnte, und doch zur Kommunion gehen: Das war Gottesraub! Gottesraub, Gottesraub, Gottesraub, so pochte es in mir, wurde zum fürchterlichen Echo, das von überall zurückprallte und mir die Ruhe raubte.

Die Kirche bot durch ihre Priester damals noch die sogenannte Generalbeichte an für diejenigen, die ungültig gebeichtet hatten und schreckliche Dinge verschwiegen hatten. Wenn der seelische Druck für mich unerträglich wurde, dann ging ich zur Generalbeichte. Können Sie sich vorstellen, wie schwer mir das fiel? Eine wirkliche Erleichterung und Befreiung bekam ich durch die Generalbeichte natürlich auch nicht. So ging das über viel zu viele Jahre!

Ein Priester muss, ich kann es nicht anders sagen, sadistische Anlagen gehabt haben, die er an den Beichtkindern ausließ. Schon seine Vorbereitung auf die Beichte war eine einzige Tortur. In der Beichte wollte er alles in allen Einzelheiten erfahren. Das konnte ich natürlich nicht und habe es auch nicht getan. Durch ihn wurde meine Not noch größer. Wie viele Priester haben sich wohl ähnlich damals verhalten? Hatten einige Kinder und Jugendliche und Frauen mehr Glück mit ihren Beichtvätern als ich? Ganz bestimmt – sonst würde ich manch einem Beichtvater Unrecht tun. Meine Seele aber wurde immer mehr vergiftet, und ich spürte, dass der Leidensdruck sich in mir immer noch verstärkte.

Mit Entsetzen stellte ich die körperliche Veränderungen an mir fest. An vielen Stellen meines Körpers wuchsen auf einmal schwarze Haare. Ich hatte das Gefühl, dass sei völlig unnormal. Ich wusste nichts davon. Das durfte nicht sein. Ich schämte mich. Die Sache mit dem Knecht im Alter von zehn Jahren, die ich so gerade überlebt hatte, war zu tief verdrängt, er hatte ja wohl auch Haare am Körper, aber das wusste ich nicht mehr. Was geschah da mit mir? Hatte meine Mutter nicht einmal gesagt, ich hätte bei meiner Geburt am ganzen Körper schwarze Haare gehabt? Hatte sie nicht auch gesagt, ich hätte so sehr hässlich ausgesehen? Scham ohne Ende.

Wie sollte ich mich so annehmen? Das durfte niemand sehen! Und doch: Noch sehr lange Zeit sah meine Mutter mich so. Auch in der Pubertät musste ich mich abends vor den Augen meiner Mutter ausziehen und ebenfalls in ihrem Beisein baden. Ich schämte mich, ich wollte das nicht und hatte doch keine Wahl. Es gab keine Intimsphäre, auch nicht in der Zeit der Pubertät. Meinen Rücken wusch meine Mutter immer noch, wenn ich in der viel zu kleinen Badewanne saß. Das müsse so sein, sagte sie, den Rücken könne ich mir nicht richtig selber waschen. Ich wagte nicht zu widersprechen.

Ohne meiner Mutter etwas zu unterstellen, aber sie hätte sich doch still entfernen können, wenn ich badete. Sie hätte doch auf jede Berührung verzichten können, die ich in dieser Zeit nicht mehr wollte! Hat ihr Vater das auch mit ihr getan? Wusste sie es nicht anders? Ich aber vergrub auch diesen Konflikt in meiner Seele. Sprechen konnte ich nicht darüber. Und erschwerend kam ja hinzu: »*Du sollst Vater und Mutter ehren!*« Widerspruch war unmöglich. Wo blieb der Respekt vor Kindern und Jugendlichen?

Und immer war da der Impuls, noch heute schäme ich mich deswegen, die schwarzen Haare seien so hässlich, die müsse ich entfernen. Das ging aber nicht, meine Mutter hätte das ja gemerkt. Wie kann der nur! Ein ganz und gar unmögliches Kind! Dieser Impuls sollte mich über viele Jahre begleiten. Behaarte Männer empfand ich als hässlich. Hat Gott den Mann nicht so geschaffen, und war er nicht gut so? Mich hat das alles sehr verwirrt. Das niederzuschreiben ist selbst jetzt schwer und ich empfinde Skrupel dabei.

Sehr schnell reagierte ich außerordentlich heftig mit Neurodermitis, Asthma, chronischem Schnupfen und entzündeten Augen. Jetzt musste ich noch häufiger zum Arzt. Die Neurodermitis breitete sich am ganzen Körper aus, die Haut tat weh und der Juckreiz machte mich halb wahnsinnig. Unzählige Salben musste ich ausprobieren. Mehrere Male am Tag rieb ich meinen ganzen Körper mit Salbe ein – geholfen hat es nicht.

Hatte es bis zum Alter von zwölf Jahren das tägliche Drama wegen des Essens gegeben, so setzte sich das Drama nun auf andere Weise fort. Meine Mutter ermahnte mich täglich, ich solle mich nicht kratzen, was für mich völlig unmöglich war, und so gab es deshalb tägliches Geschrei. Die Nächte waren eine einzige Plage und an schlafen war kaum zu denken. Fing ich einmal an zu kratzen, dann konnte ich überhaupt nicht mehr aufhören. Mit einem Kamm habe ich die Kopfhaut aufgekratzt, nicht selten eine ganze Stunde lang.

In der Schule wurde es auch schwieriger, kein Wunder, und mit meinen Lehrern hatte ich nun weniger Glück. Mein Klassenlehrer neigte zum Jähzorn und schlug den Kindern hart ins Gesicht. Ich schwieg in der Schule noch mehr. Ein Lehrer tyrannisierte mich fast jeden Tag: »Du musst besser aufpassen!« »Schläfst du eigentlich?« »Das schaffst du nie!« »Du bist auf der verkehrten Schule!«

Es waren Botschaften mit verheerender Wirkung. Bemerkte er meine chronisch entzündeten Augen nicht? Ahnte er nicht, dass ich nachts nicht schlafen konnte? Sah er nicht die aufgekratzte Haut? Fiel ihm nicht auf, wie schwer mir oft das Atmen fiel? Nahm er meine ganze innere Not nicht wahr? So schwieg ich in seinem Unterricht noch mehr, rettete mich durch die Klassenarbeiten, und ich schaffte die Schule doch, auch wenn die Leistungen schlechter wurden.

Ich fing an zu grübeln. Wo ist Gott? Wer ist Gott? Gibt es überhaupt Gott? Warum müssen Kinder so fürchterlich leiden? Es waren Fragen, auf die ich keine Antworten fand. Von Priestern und Religionslehrern gab es keine Hilfe und Unterstützung. Dabei nannten sie sich doch alle Seelsorger – Priester, Bischöfe und Papst?! Hatten sie keine Fragen? Kannten sie keine Zweifel? Sie gaben es jedenfalls nie zu, durfte Zweifel vielleicht erst gar nicht sein?

Wie finden Menschen zum Glauben? Wie lernen Menschen zu vertrauen? Wie geht das: leben? Wie sieht das Leben aus, wie Gott es möchte und Jesus es vorgelebt hat? Die Seelsorger, wie ich sie kennen lernte, waren nicht in der Lage, Impulse zu geben *gegen* die Angst und *für* ein Leben in Glauben und Erfüllung.

Als nichts mehr ging, die Krankheitssymptome wurden schlimmer und schlimmer, ich war in der zehnten Klasse, da sollte eine Kur helfen, Luftveränderung in Westerland auf Sylt. So dachten alle. Aber ich wäre besser gar nicht hingefahren!

Eine andere, bessere Lösung war nicht in Sicht. Meine Mutter hätte ganz viel Hilfe gebraucht, zu lernen, wie man mit einem Jugendlichen umgeht, der Neurodermitis und Asthma hat, aber eine solche Hilfe gab es damals nicht. Meine Mutter war nervlich völlig überfordert, und auch Freundinnen hatte sie keine.

Kur auf Sylt

Sylt ist eine traumhaft schöne Nordseeinsel – mit Sonne und Wind und Sand und sauberer Luft. Es ist die Insel der reichen und prominenten Leute. Gleichzeitig hat es dort aber auch immer schon Kurkliniken gegeben. Kinder, Jugendliche und Erwachsene suchten dort Genesung oder wenigstens Linderung von ihren Leiden – vor allem Menschen mit Neurodermitis und Asthma bronchiale.

Siebzehn Jahre war ich alt – längst kein Kind mehr und lange noch kein Erwachsener. Mit ganz viel Angst im Bauch, aber auch mit hohen Erwartungen auf Genesung machte ich mich auf die Fahrt. Angekommen, musste ich feststellen, dass es für Jugendliche wie mich kein besonderes Haus gab und somit auch keine spezifische Betreuung. Bis auf die vom Arzt verordneten Anwendungen war ich ganz auf mich allein gestellt. Kontakte knüpfen zu anderen Jugendlichen, dazu war ich wie schon immer nicht in der Lage, und es kamen auch keine Jugendliche auf mich zu. Die raue Art der Jugendlichen machte mir die gleiche Angst wie schon zu Hause und in der Schule.

Zunächst kam ich in ein Zimmer, indem ich der einzige Jugendliche war. Die Erwachsenen waren mir alle unangenehm, flößten mir Angst ein. Am ersten Morgen kam eine Krankenschwester zur Blutabnahme. Vor Spritzen hatte ich schon immer Angst. Ich lag noch in meinem Bett, als sie mir das Blut abnahm. Dann ging sie, und ich stand auf und brach ohnmächtig zusammen, war wohl einige Sekunden lang ohnmächtig, aber niemand kümmerte sich um mich, und ich stand schließlich auf und schämte mich wegen des Zwischenfalls. Niemand war da, der gefragt hätte, wie es mir gehe oder der mich gar getröstet hätte. Der stellt sich nur an, war das Gefühl, das man mir vermittelte. Ängste eines Jugendlichen im Alter vor 17 Jahren, das durfte es einfach nicht geben. Ein mir besonders unsympathischer Mann zeigte dauernd Nacktfotos, was mir sehr peinlich war. Er zeigte sich auch oft selber nackt, er war sicherlich, so mein Gefühl, ein Exhibitionist.

Unkeusches Sehen, obwohl ich dafür nichts konnte, die Botschaft der Priester hatte mich wieder ereilt. Das Ausziehen am Abend vor den anderen war für mich immer beschämend. Zum Glück, es hatte Beschwerden gegeben, kam ich bald in ein anderes Zimmer, in dem etwas jüngere Männer waren, und die waren alle doch erheblich taktvoller. Da konnte ich es besser aushalten. Das Einschlafen war trotzdem fast unmöglich – wegen des Juckreizes und der Todesängste, es könnte mich jemand umbringen.

Wegen der Neurodermitis sollte ich Calziumspritzen bekommen. Ein Arzt setzte die Spritze sehr schnell, und mein ganzer Körper fühlte sich sehr heiß an. Das führte zu einer Panikattacke. Die Angst (ich schämte mich natürlich auch noch meiner Angst) war so groß, dass ich keine weiteren Calziumspritzen zuließ. Ich ließ den Ärzten keine Chance, mir weitere zu setzen. Sie hätten mich ja auch vorher informieren können, dass einem bei einer solchen Spritze sehr heiß wird und dass das dennoch ungefährlich wäre! Oder sie hätten die Spritze langsamer setzten können, jedenfalls auf eine Weise vorgehen, dass der Patient bei der Behandlung ernst genommen und nicht wie ein »Fall« behandelt wird und basta!

Sie hätten auf meine Angst eingehen können, die so offenkundig war! Sie taten es aber nicht – keine Zeit! Nun verschrieb mir der Arzt Bäder im Meerwasser. In einem großen Raum stand Wanne neben Wanne, nicht voneinander abgetrennt. Vor den Augen der anderen sollte ich mich ausziehen und ein Bad nehmen und das täglich. Das wollte ich nicht, es schien mir unmöglich, wo blieb die Intimsphäre? Und ich habe mich geschämt wegen meiner Scham und es nicht gewagt, mich zu wehren und nein zu sagen.

Wieder einmal erntete ich die giftigen Früchte des Missbrauchs und der Lehren, die Priester in meiner Seele gesät hatten. Unkeusches Sehen – streng

63

verboten! So hatte ich es gelernt. So stand wieder die Beichte an. Und wieder war da kein Priester, der meine Not wahrnahm und mir geholfen hätte. Wie aber sollte das Sünde sein?

Das Salzwasser schmerzte sehr, zu viele Stellen an meinem Körper waren wund, und heute weiß ich, dass diese Stellen nach außen hin die Verwundungen zeigten, die mir im Laufe der Jahre geschlagen worden waren. Aber damals ging es den Ärzten ausschließlich darum, eine Hautkrankheit zu heilen, von außen zu heilen, ohne irgendwelche Anteilnahme an der Persönlichkeit dieses scheuen, dunkelhaarigen Jugendlichen von 17 Jahren zu zeigen, die doch Grundvoraussetzung für einen wahrhaftigen Heilungsprozess ist ...

Es gab keine Genesung – das Gegenteil trat ein. Vor allem die Neurodermitis verschlimmerte sich mehr und mehr. Meine Augen waren stark entzündet und brannten ständig. Durch den starken Wind und die ungünstige Witterung tränten meine Augen sehr. Auch der Augenarzt konnte nicht helfen. Vier Wochen sollte ich bleiben, es gab eine Verlängerung von zwei Wochen, geholfen hat es nicht. Sahen Ärzte und Krankenschwestern nicht, wie verletzt und vergiftet meine Seele war? Sah niemand, wie Ängste, Scham und Schuldgefühle mich plagten? Keiner hat es gesehen und mich darauf angesprochen. Oder fühlten sie sich alle ratlos und überfordert mit mir?

Meine Tränen waren längst gefroren – meine Seele eine einzige Eiswüste. Wusste niemand, dass nur die Liebe gesund machen kann? In mir schrie alles nach Liebe – bewusst habe ich das kaum mitbekommen. Doch – in mir war eine grenzenlose Sehnsucht nach Freundschaft! Aber ich war niemandes Freundschaft wert, sagte mir mein Gefühl immer wieder. So kam ich schließlich von der Kur nach Hause, und es ging mir noch viel schlechter als vorher. Luftveränderung – wenn das so einfach wäre für eine Genesung! Drei Wochen brauchte ich, um mich von der Kur einigermaßen zu erholen! Die Haut quälte mich weiter Tag und Nacht ...

Nach neun Wochen konnte ich wieder zur Schule – die neun Wochen fehlten mir sehr. Ich habe gearbeitet und gearbeitet, um die Versetzung zur Oberstufe zu schaffen. Ein Lehrer, wie gehabt, fing wieder an mich täglich zu bedrängen: »Das schaffst du nie und nimmer!« »Verlasse die Schule!« Menschliches Mitgefühl und Einfühlungsvermögen waren ihm offenbar völlig fremd. In allen anderen Fächern habe ich es geschafft, nur bei diesem einen Lehrer bekam ich ein »Mangelhaft« – mehr durch seinen Psychoterror als durch mein Unvermögen.

Eigentlich hätte ich mit einem »Mangelhaft« versetzt werden müssen. Ein Klassenkamerad stand in zwei Fächern eindeutig »Mangelhaft«, er war Sohn reicher Leute. Ein Lehrer sagte vor der ganzen Klasse, wenn ich mit einem »Mangelhaft« versetzt würde, so gäbe er ihm ein »Ausreichend«, damit er auch mit einer schlechteren Zensur wie ich versetzt werden könnte. Jener Schüler bekam am Ende gar kein »Mangelhaft« und wurde versetzt, während ich mit einem »Mangelhaft« die Klasse wiederholen musste.

Das war ein zum Himmel schreiendes Unrecht – so spürte ich es deutlich, und die Verletzung saß tief. Hinzu kam, das mir keine Hilfen angeboten worden waren, wegen der langen Zeit meiner Erkrankung, wo ich gefehlt hatte. Meine Mutter beschwerte sich, von wegen väterlicher Sorge um Schüler, es hat nicht geholfen. Mein Klassenlehrer und jener Lehrer, der mich so lange drangsaliert hatte, bedrängten mich, die Schule zu verlassen. Sie hatten mir auch schon eine Lehrstelle besorgt. Ich habe abgelehnt und die Klasse wiederholt. Ich habe mich während der ersten Wochen in der neuen Klasse sehr geschämt und als Versager gefühlt. Niemand hat mich getröstet oder gar Mut gemacht. Damit muss man allein fertig werden! Alleingelassen in meiner Not – das kannte ich ja schon allzu gut. Ich schaffte die zehnte Klasse trotz angeschlagener Gesundheit, es ging sogar recht gut, die Lehrer der neuen Klasse waren mir wohl gesonnen. Nun war ich endlich Oberstufenschüler und freute mich darüber sehr.

Tod der Großeltern

Wie viel Angst hatten die Großeltern vor Sterben und Tod? Hatte Kirche ihnen nicht allzu oft mit Teufel und Hölle gedroht? Saß ihnen nicht ein möglicherweise unerbittlich strafender Gott in Nacken? Wie konnte ihnen die Angst vor Gott genommen und Glauben an einen Himmel geschenkt werden?

Die Kirche hatte für meine Großeltern wie für alle Sterbenden gut gesorgt. Alle Katholiken waren dahingehend erzogen, einen Priester zu rufen, wenn es auf das Sterben zuging. Der spendete dann die sogenannten Sterbesakramente. Ganz wichtig war es für den Schwerkranken und bald Sterbenden noch einmal zu beichten. Das war ein absolutes Muss! Alle Anwesenden, so war es bei meinen Großeltern, wurden aus dem Krankenzimmer bzw. Sterbezimmer heraus geschickt, und dann bestand die Möglichkeit zu beichten. Das wäre im

Prinzip ja so gut gewesen, wenn es ganz freiwillig geschehen wäre, aber wegen einer drohenden Höllenstrafe war es eben ganz und gar nicht freiwillig und darum eben nicht aus Vertrauen zum Priester heraus. Wer ist da Gott? War das der Gott Jesu?

Bei manch einem, der Vertrauen zu einem verständnisvollen Priester hatte und sich alles von der Seele reden konnte, wird das schon befreiend gewirkt haben. Wie aber bei den vielen anderen? Verschwindet so einfach durch ein Ritual die Angst vor Gott, wenn sie ganz tief sitzt?

Nach der Beichte konnte der Sterbende die Kommunion würdig empfangen. Schließlich wurde noch das Sakrament der letzten Ölung gespendet, das den Kranken endlich von Sünden befreien und heil machen sollte. Nichts gegen die Spendung dieser Sakramente – aber viel gegen das Gottesbild, das sich damals dahinter verbarg.

Hatte ein Kranker zu viel Angst vor dem Tod, riefen die Angehörigen den Priester, wenn der Kranke schon bewusstlos war. Der Priester wurde von vielen damals gleichsam als Todesengel betrachtet, der auch den Angehörigen viel Angst machte. Eine gute Sterbebegleitung mit viel Zeit und Liebe, freiwillig gewünscht vom Sterbenden, und abschließend die Sterbesakramente, das wäre angemessen gewesen.

Gott macht doch nicht vom Tun des Priesters den Himmel abhängig. Die Krankensalbung durfte bis zu einer Stunde nach dem letzten Atemzug gespendet werden, so lange der Körper noch warm war.

Wie war es aber mit den Menschen, die man tot fand? Gab es bei ihnen noch eine sogenannte Liebesreue, die alle Sünden tilgt? Die Art und Weise, wie diese Sakramente verkündet und gespendet wurden und das Gottesbild, das damit verbunden war, waren sehr problematisch – nicht die Sakramente selber.

Was nach Empfang der Sterbesakramente blieb, das waren die sogenannten Sündenstrafen für die sogenannten lässlichen Sünden. Dafür, dass sie auch erlassen wurden, konnte man auch etwas tun. Einen unvollkommenen Ablass gewinnen (ich habe das damals oft getan) verkürzte die Zeit des sogenannten Fegefeuers für mich und für Verstorbene. Einen vollkommenen Ablass konnte jeder Katholik für sich und andere gewinnen, wenn einer würdig gebeichtet, kommuniziert und ganz bestimmte Gebete gesprochen hatte. Dann wurden alle Sündenstrafen erlassen und eine arme Seele kam sofort in den Himmel. War das die Lehre von Jesus von Nazareth?

Getröstet durch die Sterbesakramente, so formulierte man es damals, so sind meine Großeltern gestorben.

Mein Großvater väterlicherseits wurde als erster sterbenskrank. Vor ihm hatte ich ja weniger Angst gehabt als vor meinem anderen Großvater. In seinem Haus hatte ich als kleines Kind einige Wochen gelebt, während meine Mutter wegen einer Operation im Krankenhaus lag. Vor allem die Großmutter was gut zu mir. Meine Mutter wusste genau, warum ich zu den Eltern meines Vaters während ihres Krankenhausaufenthaltes kam.

Dieser Großvater also wurde sehr krank. Sein Herz wollte nicht mehr so richtig, und wenn er sich draußen bewegte, musste er immer stehen bleiben, weil er kaum noch Luft bekam. Darüber hat er sich sehr geschämt, wie er öfter sagte. Er gehörte zu den wenigen Menschen, die genau den Tag kannten, an dem er sterben würde. Er empfing zunächst die Sterbesakramente, dann bat er seine Frau, seine Kinder und seine Enkelkinder an sein Bett. Für jeden hatte er noch ein gutes Wort, von jedem verabschiedete er sich. Er hatte keine Angst mehr vor dem Tod. Meine Tante blieb bei ihm, und wir anderen gingen in das Nebenzimmer. Ich konnte das gar nicht glauben, dass er sterben sollte, aber nach einer Stunde war er in der Tat friedlich gestorben. Ich konnte es einfach nicht fassen und es beängstigte mich sehr.

Meine Großmutter spürte ebenfalls, dass der Tod nahe war. Natürlich empfing sie die Sterbesakramente. Dann hat sie zu mir gesagt: »Ich freue mich auf den Tod. Dann bin ich bei Jesus und sehe meinen Sohn endlich wieder, deinen Vater!« Auch sie starb so in Frieden.

Der Vater meiner Mutter hatte eine ganz schlimme Zeit, bis er tot war. Es hat ihn gekränkt, dass er mit 65 Jahren als Weber in der Fabrik aufhören musste, obwohl er doch ein Leben lang dort gearbeitet hatte und auch mit 65 Jahren genauso gut arbeitete wie jüngere Männer. Er suchte sich eine neue Stelle als Weber, konnte aber nur ganz kurz dort arbeiten, weil er an Magenkrebs erkrankte. Wir haben ihn oft besucht und mussten mit Erschrecken feststellen, wie er immer mehr abmagerte, da er kaum noch etwas essen konnte, wie seine Kräfte immer mehr schwanden und welch schreckliche Schmerzen er erleiden musste.

Ein Mensch, der an Krebs erkrankt ist, leidet an einer grauenvollen Krankheit. Woher kommt diese Krankheit? Wie kann man einem Krebskranken zumindest zu einem friedlichen Tod verhelfen?

Nach dem Empfang der Sterbesakramente starb mein Großvater, es war eine Erlösung für ihn. Starb er ohne Angst? Ich weiß es nicht. Tat ihm wirklich leid, was er mir und sicher meiner Mutter angetan hatte? Ich weiß es nicht. Hatte meine Großmutter eine glückliche Ehe mit ihm geführt? Wohl kaum!

Ich fühle heute keinen Hass mehr ihm gegenüber. Gott allein kennt die Wahrheit seines Lebens und er wird ihm sicher auch gnädig gewesen sein. Die Wahrheit schmerzlich erkennen wird auch ihm nicht erspart geblieben sein. Aber dann wird er auch Heil und Himmel erworben haben, ein Heil, das nur Gott schenken kann.

Als letzte meiner Großeltern starb meine Großmutter, die Mutter meiner Mutter. Sie war eine verbitterte Frau, nicht nur im Alter. Sie hatte ein schweres Leben – nicht zuletzt wegen der beiden Weltkriege. Noch einmal Sterbesakramente, dann war auch sie erlöst.

Jeweils nach dem Tod meiner Großeltern gab es ein feierliches Begräbnisamt in der Kirche, worauf die Beerdigung auf dem Friedhof folgte. Ich erinnere mich deutlich an das Zimmer, in dem mein Großvater mütterlicherseits aufgebahrt war. Der Anblick war für mich schlimm und machte mir Angst – die anderen Familienmitglieder haben das nicht mitbekommen. Panische Ängste waren in mir, die ich aus Scham verstecken musste, wenn der Sarg von Großmutter oder Großvater ins Grab herunter gelassen wurde.

Ich hatte diesen Vorgang ja bereits unzählige Male erlebt, wenn ich als kleiner Messdiener bei Begräbnisamt und Beerdigung zu dienen hatte. Ich hatte dann stets das Gefühl: So wirst du auch einmal in einem Sarg in ein Grab herunter gelassen, was aber, wenn ich nur scheintot bin? Muss ich ersticken? Kam das von den Bombenangriffen, bei denen stets die Angst da war, von einem einstürzenden Haus begraben zu werden und zu ersticken?

Über meine Angst und Panikattacken hat nie ein Priester mit mir gesprochen, sie haben das nicht bemerkt. Hatten sie selber Angst vorm Sterben und Tod und vor einem strafenden Gott? Schämten sie sich, das zuzugeben? Oder durften sie es nicht zugeben, auf Befehl »von oben«, von Bischöfen und Papst? Kannten Bischöfe und Papst auch Angst vor einem strafenden Gott? Waren sie nicht auch Menschen wie alle anderen?

Kann man die Angst am Ende nicht nur dadurch überwinden, dass man an eine bedingungslose Liebe glaubt, an einen Gott, von dem man sich liebevoll getragen fühlt? Dass es so etwas für mich geben könnte, wusste ich damals nicht. Der Tod meiner Großeltern hat neue Ängste in mir ausgelöst, und die

Ängste waren Tag und Nacht meine Wegbegleiter. Ein Teil meiner Seele glaubte – ein anderer Teil meiner Seele hatte Angst. Und viele Jahre war der glaubende Teil meiner Seele abgespalten. Arg für mich war auch, dass ich beim Tod meiner Großeltern nicht fähig war, auch nur eine Träne zu weinen – meine Tränen waren längst eingefroren.

Tod eines Klassenkameraden

In der Oberstufe des Gymnasiums war ich in einer kleinen Klasse, hatte einen freundlichen Klassenlehrer, und überhaupt hatte ich mit den Lehrern Glück. Der Direktor war gut zu mir, ja, sogar väterlich um mich besorgt. So hätte alles seinen normalen Lauf bis zum Abitur nehmen können. Meine Seele war aber nach wie vor voller Tumult und durch die Erfahrungen mit der Kirche vergiftet. In der Zeit der Adoleszenz waren mir viele Dinge langsam bewusst geworden, ich sah mich nicht mehr nur als alleinigen Bösewicht an, und das war für mein Überleben natürlich absolut notwendig, viele Jahre ging es einfach nur um mein Überleben und sonst nichts!

Dennoch sollte es in der Oberstufe eine Zeit geben, wo kaum noch jemand an mein Überleben glaubte. Die Neurodermitis quälte mich wie immer Tag und Nacht, und an Schlafen war kaum noch zu denken. Unzählige Salben für meine wunde Haut, häufiges Kratzen, vor allem an Armen, Beinen und im Gesicht, oft über eine lange Zeit, Kratzen der Kopfhaut mit einem Kamm: Ich weiß noch heute nicht, wie ich das alles ausgehalten habe.

Und kein Wort des Mitgefühls und des Trostes, ich wüsste nicht, wann es so etwas einmal gegeben hätte. Kaputte Nerven auch bei meiner Mutter! Und bei mir totale Scham, wenn mein Gesicht so schlimm aussah. Ein Nachbarjunge sprach mich dann auch öfter an: »Du siehst aber schrecklich aus!«

Und eines Tages gab es das »Wundermittel«: Kortison!

Mein Arzt verschrieb es mir in Form von Tabletten. Ich nahm es in hohen Dosen, und die Krankheitssymptome verschwanden schnell. Ich konnte es nicht fassen. Es war für mich wie ein Wunder. Keine Atembeschwerden mehr, kein quälender Juckreiz, eine glatte und schöne Haut! Es war, als ob ich nur noch in einer Vorhölle sei ...

Von schlimmen Nebenwirkungen des Kortison ahnte man am Anfang noch nichts.

Was blieb, waren Ängste und Schuldgefühle und Schlafstörungen. Hinter jeder Hecke vermutete ich jemanden, der mich umbringen wollte, dieses Gefühl kannte ich ja schon lange, und wenn ich im Dunkeln das Fahrrad in den Keller stellte und durch den Keller der großen Mietwohnung nach oben ins Haus ging, verging ich fast vor Angst. Wie schon immer: Gesprochen habe ich nicht darüber, das konnte ich nicht, ich schämte mich zu sehr.

In der Schule ging es recht gut, quälten mich doch die Krankheitssymptome nicht mehr so wie früher. Die Versetzungen waren kein Problem. Mein Leben hatte sich ein wenig beruhigt.

Von einem Tag auf den anderen setzte mein Hausarzt das Kortison ab, weil meine Krankenkasse nicht mehr bereit war, weiterhin dieses teure Medikament zu bezahlen. Was das für mich bedeuten sollte, wussten die Ärzte damals noch nicht, zu neu war dieses Medikament.

Was nun kam, war wie eine Nachtmahr, wie sie grässlicher nicht sein konnte. Ich bekam extreme Asthmaanfälle, und der Arzt musste in der Nacht gerufen werden. Auch die Haut quälte mich noch schlimmer als vorher. Aber die Asthmaanfälle waren am schwerwiegendsten. Als nichts mehr ging, kam ich in ein Asthmakrankenhaus in der Nachbarstadt, ein katholisches Krankenhaus mit Ordensschwestern und Ordensbrüdern. Es folgte ein Asthmaanfall nach dem anderen. Status asthmaticus: Stündlich spritzte man Subrarenin, ein besonders starkes Medikament, ansonsten wäre ich erstickt. Ich hatte nun endgültig das Gefühl: Hier komme ich nicht mehr lebend heraus ...

Der behandelnde Arzt wäre besser Tierarzt geworden, so gefühllos und ruppig ging er mit mir um: Von Sensibilität hatte er keinen blassen Schimmer. Ordensschwestern und Ordensbrüder waren auch nicht in der Lage, ein wenig liebevoll auf mich einzugehen. Welch hoher Anspruch bei den Ordensleuten dieses Hauses und wie traurig die Wirklichkeit!

Meine Mutter nahm die Strapaze auf sich, mich täglich zu besuchen. Sie fürchtete um mein Leben. Dennoch konnte sie mir auch jetzt nicht die liebevolle Mutter sein, die ich so dringend gebraucht hätte. Sie konnte (genauso wenig wie ich selber) nicht aus ihrer Haut heraus, war gefangen in einer Existenz, von der sie im Prinzip nichts wusste ...

Auch der Krankenhauspfarrer sah meine gequälte Seele nicht und war mir keine Hilfe. Kein liebevolles, tröstendes oder Mut machendes Wort, keine Hand, niemand, der mich einmal in den Arm genommen hätte. Um den Körper kümmerte man sich – die Seele wurde völlig ignoriert.

Eine Fieberkur mit Schwefelspritzen wurde verordnet, das sollte meinen Körper umstellen und Linderung oder gar Heilung bringen. Ich erlebte es wie eine Pferdekur. Zuerst kam ein schlimmer Schüttelfrost, mein ganzer Körper zitterte, dann kam hohes Fieber: über 40 Grad. Man wiederholte die Prozedur immer wieder, geholfen hat es aber nicht. Dass man nicht nur den Körper behandeln muss, sondern den ganzen Menschen, davon wusste man damals wenig – auch nicht in einem katholischen Krankenhaus.

Über Weihnachten musste ich im Krankenhaus bleiben – es war das traurigste Weihnachtsfest meines Lebens! Auf meine Todesangst, verständlich durch die schweren Asthmaanfälle, ging niemand ein. Sterben und Tod muss ein Tabuthema gewesen sein – auch beim Krankenhauspfarrer und den Ordensleuten! »Ich bete für dich!«, war der »Trost« der von ihnen kam.

Wenn ich das so schreibe, weiß ich, dass es manch einem wie mir ergangen ist, aber auch, dass es auf anderen Stationen bzw. in anderen Krankenhäusern Personal gab, das patientenorientierter war, als ich es erleben musste. Ich habe damals wohl besonders viel Pech gehabt. Ganz bestimmt gab es auch die eine oder andere Ordensschwester, die Menschen liebevoll betreuen konnte. Von weltlichen Schwestern habe ich später mehr Verständnis und Zuwendung erfahren. Kann jemand Liebe weitergeben, der spürbar keine Liebe erfährt, nie in den Arm genommen wird? Wer hält denn einer Ordensschwester, einem Priester oder einem Bischof die Hand oder nimmt sie liebevoll in den Arm, wenn sie es brauchen? Und braucht das nicht jeder Mensch?

Am Ende setzten die Ärzte bei mir wieder Kortison ein, hoch dosiert natürlich, und bald ging es besser. Ich hatte gerade noch einmal überlebt! Langsam erholte ich mich und konnte wieder in die Schule gehen. In Zukunft versuchten die Ärzte, mit einer möglichst geringen Dosis Kortison in Form von Tabletten und Salben die Krankheitssymptome Asthma und Neurodermitis einigermaßen in den Griff zu bekommen.

Die Vergiftung meiner Seele durch unselige Lehren der Kirche aber ging weiter, weit über die Zeit des Zweiten Vatikanischen Konzils hinaus.

Es sollte aber gegen Ende der zwölften Klasse noch schlimmer kommen: Es begann mit dem plötzlichen Tod eines Klassenkameraden. Dass dieser Tod mich umwerfen würde, hatte viel mit meiner Lebensgeschichte und der Unfähigkeit der Bezugspersonen zu tun, mit meinen heftigen Reaktion anders: menschlicher, verständnisvoller umzugehen.

Ich kannte meinen Klassenkameraden schon seit Jahren. Außer in der Schule trafen wir uns auch in einer Jugendgruppe. Es war der Sohn meines Hausarztes, und er hatte einen leichten Herzfehler, was aber niemand in meiner Klasse wusste. Er beteiligte sich am Schulalltag und auch am Sportunterricht. Am Abend vor seinem Tod habe ich meinen Klassenkameraden noch in der Jugendgruppe getroffen. Als er dann nach Hause ging, wurde ihm auf einmal schlecht, er legte sich hin und war tot. Ein Schock für Mutter und Schwester! Der Vater war auf der Jagd, als sein Sohn starb. Er wurde sofort herbeigerufen, aber es gab keine Hilfe mehr – ein Schock auch für den Vater!

Völlig ahnungslos ging ich am nächsten Morgen zur Schule. Unser Klassenlehrer, ganz bleich im Gesicht und sichtbar geschockt, kam in die Klasse und rang um Worte, um uns das Unfassbare schonend beizubringen. »Das kann doch nicht wahr sein!«, war unsere erste Reaktion. Wir brauchten Zeit, um zu begreifen, dass er wirklich tot sein sollte. Ein schrecklicher Schultag! Wir saßen stumm da. Was hätten wir sagen können? Es war eine bedrückende Stimmung in der Klasse.

Mit unserem Religionslehrer, einem Priester, gingen wir am nächsten Tag in das Haus des toten Klassenkameraden. Da lag er aufgebahrt in einem offenen Sarg, er, mit dem ich Jahre meines Lebens geteilt hatte! Unser Religionslehrer bat uns, mit ihm den Rosenkranz zu beten. Dann ging jeder für sich allein nach Hause.

Es gab keinen Austausch der Gefühle, obwohl es in uns allen rumorte. Und es tat weh! Doch Tränen konnte keiner zulassen oder gar zeigen. Auch zu Hause war es nicht möglich, über die Drangsal der tobenden Gefühle zu sprechen. Beerdigung. Die ganze Schule war daran beteiligt. Es war ein finsterer Tag. Das Begräbnisamt ging vollkommen an mir vorbei. Furchtbar der Augenblick, in dem der Sarg mit dem toten Klassenkameraden ins Grab hinab gelassen wurde. Jeder war für sich allein. Nähe, die getröstet hätte, gab es nicht.

Der Tod meines Klassenkameraden öffnete eine bisher verschlossene Tür meiner Seele. Panikattacken, eine nach der anderen, immer ärger – zunächst aus Scham vor allen anderen versteckt, bis es nicht mehr ging. Zum Glück hatte ich gerade die Versetzung in die Oberprima geschafft.

Zur Schule gehen war allerdings bald völlig unmöglich. Ich konnte kaum noch über die Straße gehen, denn die Angst war riesengroß und überschwemmte meine Seele, all die Angst, die ich über Jahre in meiner Seele eingeschlossen hatte. Existenzängste breiteten sich in mir aus, ich hatte jeden Augenblick das Gefühl, tot umzufallen und wie mein Klassenkamerad plötzlich zu sterben, und von mir bliebe nichts mehr übrig, und ich würde mich einfach ins Nichts auflösen.

Es war das totale Chaos, das mich mit einer Wucht überfiel, wie ich es noch nicht erlebt hatte. Der Glaube des kleinen Jungen im Alter von sieben Jahren war plötzlich wie ausgelöscht. Das war für mich völlig unverständlich, und die Beschämung darüber war unendlich groß. Was muss ich für ein sündiger Mensch sein, dass von meinem Glauben nichts mehr übrig blieb ...

Natürlich war da ein Bereich in meiner Seele, wo es noch Glauben gab, bloß hatte ich keinen Kontakt dazu. Da war ein in meiner Seele verschlossenes Trauma in einer Heftigkeit ausgebrochen, wie es nicht mehr auszuhalten war. Deine Existenz, dein Leben, du darfst nicht sein, dein ganzes Leben ist in Gefahr, so fühlte sich das an. Hatte ich schon so etwas am Anfang meines Lebens gefühlt ? Wenn es wirklich eine Hölle gibt, dann bin ich durch viele Höllen dieser Erde gegangen, und die Kirche mit ihren Lehren war daran maßgeblich beteiligt.

Eines Tages brach mein Kreislauf zusammen. Schnell wurde ein Arzt gerufen, nicht mein Hausarzt, das wäre besser gewesen, sondern ein Facharzt für Lungenkrankheiten. Der kam, für mich dauerte es wie eine Ewigkeit, und setzte mir eine Spritze in die Vene. Was er gespritzt hat, weiß ich nicht. Ich fühlte mich so elend in meiner Aufregung, dass ich dachte, jeden Augenblick ginge mein Leben zu Ende. Der Arzt sagte nichts und fragte nichts. Die Spritze wirkte und es ging mir körperlich ein wenig besser, die übermächtige Angst aber blieb.

Der Arzt ging mit meiner Mutter ins Nebenzimmer und sie stellte dem Arzt Fragen, ohne die Türe zu schließen. So konnte ich alles hören. »Ist das sehr gefährlich? Ist das Leben meines Sohnes in Gefahr?« »Ja, das ist sehr gefährlich, lebensgefährlich, und kann sich zu jeder Zeit wiederholen!«

Das war mein Todesurteil! Ich glaubte, ich sei nun auch am Herzen schwer krank, was ich natürlich nicht war, aber das wusste ich damals nicht: eine Fehldiagnose. Und zum erstenmal erlebte ich bewusst, dass meine Mutter weinte ...

Ich war also nun ein sterbenskranker Mensch! Und so folgte bald die nächste Panikattacke. Schnell wurde der Krankenwagen gerufen, der zwar bald kam, aber für mich war es dennoch wieder wie eine Ewigkeit. Meine Beine konnte ich mittlerweile nicht mehr bewegen. So trug man mich auf einer Liege in den Krankenwagen, und ich schämte mich meiner Angst so sehr! Angst – das durfte nicht sein!

Ich kam in ein katholisches Krankenhaus, in dem viele Ordensschwestern arbeiteten. In meiner Angst zu sterben fühlte ich dauernd meinen Puls, um zu prüfen, ob mein Herz noch regelmäßig und kräftig schlüge, und es hat lange gedauert, bis ich das allmählich aufgeben konnte. Noch heute mache ich das gelegentlich. Meine Mutter schimpfte heftig mit mir, ich solle damit aufhören, meinen Puls ständig zu kontrollieren, ich mache mich doch nur verrückt. Sie hatte ja recht, nur war mir es völlig unmöglich, diese zwanghafte Handlung einfach so zu unterlassen! So hatte ich einen weiteren Grund, mich zu schämen! Die Stationsschwester, eine Ordensschwester, war eine besonders energische Frau ohne jedes Mitgefühl. Sie gab mir dauernd zu verstehen, ich solle mich nicht so anstellen. Da habe ich mich noch mehr geschämt. Ein guter Katholik hat keine Angst vor dem Tod, dieses Gefühl vermittelte sie mir.

Niemand nahm sich Zeit, setzte sich an mein Bett, akzeptierte meine Angst, niemand sagte: Du bist in Ordnung, auch mit deiner Angst!, niemand hielt meine Hand, niemand nahm mich in den Arm, niemand sprach tröstend oder beruhigend mit mir. Niemand hat sich liebevoll um mich gekümmert, die Mutter nicht, der Arzt nicht, die Ordensschwester nicht, der Krankenhausseelsorger nicht. Das abendliche Weihwasser hat die Ordensschwester nie vergessen, meine Angst hat das allerdings nicht gelindert.

Sie war fleißig, hat viel in der Kapelle gebetet – die nach Zuwendung rufende Seele hat sie nicht wahrgenommen. Dabei war es doch etwas Besonderes, eine von Gott berufene Ordensschwester zu sein! Von Jesus, der stets ein Herz für Menschen hatte, kann sie nicht viel begriffen haben.

Ich lag mit einigen Männern im Krankenzimmer. Einer der Männer trank heimlich Schnaps. Ein anderer mit Herzasthma prahlte, er sei dem Teufel noch immer von der Schippe gesprungen. Kam dann aber ein Herzasthmaanfall, dann jammerte er nur noch und flehte die Schwester an, bei ihm zu bleiben. Am nächsten Morgen prahlte er erneut: »Der Tod kriegt mich nicht!« Ich konnte das nicht verstehen. Ein anderer Mann fand beim Mittagessen im Salat eine Schnecke und warf den Teller mit dem Essen wutentbrannt aus dem offenen Fenster. Mit dieser unberechenbaren Art der Männer konnte ich nicht umgehen. Bei ihnen gab es nichts Weiches oder Einfühlsames.

Als ich an einem Morgen wach wurde, ein wenig hatte ich am Ende doch geschlafen, stand ein Bett in der Mitte des Zimmers – nur noch mit Matratze, denn der Mann, der darin gelegen hatte, war in der Nacht plötzlich gestorben, ohne dass wir anderen etwas gemerkt hatten, und man hatte ihn sofort weggebracht. Es gab eine kurze Information, jener Mann sei am frühen Morgen gestorben. Und die Frage, ob ich der nächste sei, pochte in meinem Gehirn.

Wenn ich zur Toilette ging, musste ich am sogenannten Sterbezimmer vorbei. Die Tür des Sterbezimmers stand stets weit offen und ich konnte hineinsehen. Wo blieb die Würde des Sterbenden? Würde man mich auch bald ins Sterbezimmer bringen? Jedes Mal, wenn ich mich unbeobachtet fühlte, kontrollierte ich meinen Puls ...

Nach vier Wochen Krankenhaus sah es tatsächlich so aus, als ob es mir besser ginge. So wurde ich aus dem Krankenhaus entlassen. Noch am selben Abend kam die nächste Panikattacke, und ich war schneller wieder im Krankenhaus, als ich heraus gekommen war.

Ich schämte mich sehr. War ich als Kind noch in der Lage gewesen, meine Ängste vor anderen zu verbergen, so funktionierte das jetzt überhaupt nicht mehr. Angst war mein Makel. Vor allem die Nächte wurden mir wieder unerträglich lang. Die Nachtschwester zu rufen schämte ich mich zu sehr. Die Ängste blieben, aber ich wurde wieder entlassen. An Schule war nicht zu denken.

Nun sollte ich zur Kur in den Schwarzwald, die gute Luft würde mir gut tun, na ja, solche Aussagen kannte ich ja allzu gut, ich würde mich dort schon recht bald erholen. Das konnte nicht gut gehen, spürte ich in meiner Angst ganz deutlich. Ich brauchte etwas ganz anderes und wusste doch nicht, was denn meine Ängste lindern könnte. Wie hätte ich wissen sollen, dass Liebe Ängste lindern und Wunden heilen kann. Jesus hatte das zwar gepredigt, aber in den Predigten meiner Kindheit und Jugend wurde man in erster Linie abgekanzelt ...

Niemand in meiner Umgebung wusste, dass der Tod meines Klassenkameraden die Panikattacken ausgelöst hatte, niemand wusste, was sich dahinter verbarg, niemand hat danach gefragt. Niemand nahm sich Zeit, um behutsam und geduldig zu nachzuschauen, was in meiner Seele los war.

Schwarzwald, Bayern und zurück nach Hause

So kam ich in ein Kurheim im Schwarzwald, das von Ordensschwestern geleitet wurde. Sie beteten viel und taten freundlich, aber zu viele unter ihnen lebten so sehr im Bannkreis ihrer eigenen Unzulänglichkeit, dass ihr Herz nicht offen war für meine Ängste. Ich war für sie alle ein zu schwieriger Fall, damit konnten sie nicht umgehen.

Schon am Anfang meines Kuraufenthaltes kam die erste Panikattacke. Zunächst wagte ich nicht, die Nachtschwester zu rufen. Schließlich hatte ich das Gefühl, ich würde jeden Augenblick durchdrehen. So habe ich doch nach der Nachtschwester geläutet. Das war mein Fehler: Sie war böse auf mich, dass ich sie »unnötigerweise« gerufen hätte, genau so hat sie es gesagt. Sie ließ mich allein, ohne ein gutes Wort, war nur einfach böse auf mich. Wie muss sie froh gewesen sein, mich am nächsten Tag los zu werden, da ich sie in ihrer Nachtruhe gestört hatte.

Es ging mir insgesamt außerordentlich schlecht. Auf Grund einer noch gefährlicheren Panikattacke fuhr man mich mit Blaulicht in die nächste Universitätsklinik. Die Fahrt erschien mir unendlich lang. Ich bekam Sauerstoff und Medikamente. Mein Gefühl war, nicht lebend in der Universitätsklinik anzukommen. Es war die schrecklichste Fahrt meines Lebens. Als ich endlich da war, kam ein netter Arzt zu mir und gab mir eine Spritze, in der unter anderem auch das Herzmittel Strophantin war. Er nahm sich auch ein wenig Zeit für mich. Allmählich ging es mir etwas besser und die Panikattacke ließ nach. Mein Bettnachbar war dann so »taktvoll« mir zu sagen, er hätte nicht geglaubt, dass ich diese Attacke überleben würde ...

Ich lag, wie es damals für Kassenpatienten üblich war, in einem großen Saal, in dem es Tag und Nacht unruhig war. Mein Bruder, der in jener Universitätsstadt studierte, besuchte mich und sprach danach mit dem Professor für Innere Medizin. Auch meine Mutter kam so schnell sie konnte, es war eine weite und beschwerliche Zugfahrt für sie.

Der Professor der Inneren Medizin war der erste, der sich Zeit nahm, um mir zu erklären, dass ich zwar krank, mein Herz aber völlig gesund sei und keinerlei Lebensgefahr bestünde. Das Herzmittel Strophantin wurde abgesetzt. Hätte sich doch vorher ein Arzt einmal so viel Zeit genommen wie jener Professor! Die Angst blieb, die Panikattacken wurden weniger. Ich habe mich noch mehr meiner Angst geschämt, mussten nicht alle denken, ich simuliere? Um die tiefen Wurzeln meiner Angst wusste ich immer noch nicht, meine Mutter und alle anderen Bezugspersonen wussten es genauso wenig.

Ich wurde auf die Bitte meiner Mutter in die Privatstation verlegt, meine Mutter musste tüchtig zuzahlen. Das tat sie sehr gerne, sie hatte etwas Geld gespart. Dafür bin ich ihr noch heute dankbar. Eine sehr liebevolle Schwester, eine weltliche Krankenschwester, arbeitete auf dieser Station. Sie war der Engel, den Gott mir gesandt hatte! Sie hatte ein gutes und verständnisvolles Herz, erkannte meine Not und akzeptierte mich so, wie ich war. Ihr habe ich viel zu verdanken. Auch ein Psychotherapeut wurde hinzugezogen, aber es war in erster Linie diese Krankenschwester, die mir dabei half, dass meine Ängste allmählich erträglicher wurden. Durch ihre Zuwendung hat sie mich ein klein wenig geheilt, so hat es sich mir bis heute eingeprägt.

Leider konnte sie mich nicht für längere Zeit begleiten, wer weiß, vielleicht wäre manches später anders verlaufen? All die unerledigten Konflikte in meiner Seele waren ja eine immer bedrohlicher ihrem Ende zu tickende Zeitbombe.

Nun hatte man, so meinte man, die gute Idee, ich möge doch die dreizehnte Klasse 13 in einem Internat in Oberbayern besuchen, im Internat eines Klosters, um so mein Abitur zu schaffen. Die gute Luft würde mir gut tun: Wie oft hatte ich diese Phrase schon gehört ...

Ich wurde aus der Universitätsklinik entlassen und schlief für eine Nacht mit meiner Mutter in einem Hotelzimmer. Diese Nacht war schrecklich und dauerte unendlich lange. Ich war außerordentlich nervös, und es war mir völlig unmöglich, ruhig liegen zu bleiben. Ich sollte aber ganz ruhig liegen bleiben, so der wütende Befehl meiner Mutter, sie war mit ihren Nerven völlig fertig, und das machte mich natürlich immer unruhiger. Es war eine dramatische Nacht voller Ermahnungen und Vorwürfe, die ich einstecken musste.

Am nächsten Tag fuhren wir in Richtung Oberbayern und kamen schließlich im Internat des Klosters an. Ich wurde aufgenommen, um die Oberprima zu besuchen und so endlich das Abitur zu machen. Meine Mutter fuhr nach Hause – mit sorgenvollem Herzen ...

Es war ein Fehler, in dieses Internat und die Klosterschule zu gehen. Ein erneute Tragödie bahnte sich an. Internat und Gymnasium wurden von zwei

Direktoren geleitet. Es war mein Pech, dass der Direktor des Internates auf Grund einer schweren Erkrankung außer Hauses war. Er hätte mich gewiss nicht aufgenommen, da er wusste, dass jemand, der krank und nicht stabil genug war, am Gymnasium gegen den unerbittlich strengen Direktor chancenlos war. Er wusste es aus bitterer Erfahrung. Eine traurige Erkenntnis, die Patres standen doch in einer ganz besonderen Nachfolge Jesu!

So nahm mich der Direktor des Gymnasiums auf, und ich sollte ihn bald genauer kennen lernen: Es wurde eine der übelsten Erfahrungen meines Lebens. Es waren Benediktiner Patres, die in jenem Kloster lebten und ein Internat und ein Gymnasium leiteten. Ein Pater war als Präfekt zuständig für die Oberstufenschüler, und er war gleichzeitig mein Religionslehrer. In zwei Patres sollte ich dem Teufel persönlich begegnen, davon später mehr. Natürlich, das weiß ich heute, waren sie nicht nur böse, der Jugendliche von damals konnte aber davon nichts wahrnehmen.

Die Klosterschule galt als das beste Gymnasium Bayerns. Nichts gegen gute Leistungen, aber wie konnten sich Jugendliche dort zu Hause fühlen, wenn es kaum Wärme, Verständnis, Schutz, Geborgenheit, Zuwendung, in einem Wort: *Liebe* gab? Nachwuchs für den Orden und für den Priesterberuf waren im Internat längst zu einer Seltenheit geworden, kein Wunder bei der eisigen Kälte und grausamen Härte, die ich dort bald erfahren sollte.

Von Beginn an hatte ich nicht die Spur einer Chance. Das Kloster war ein riesiges Gebäude mit langen Gängen und weiten Entfernungen. Am Vormittags war Schule. Ich war ein aufmerksamer Schüler, gab mir Mühe, hatte aber (verständlicherweise) Schwierigkeiten auf Grund der langen Zeit meiner Erkrankung.

Nach der letzten Stunde rannten alle Schüler den weiten Weg zum Speisesaal, der Hunger trieb sie. Wer zuerst kam, tauschte schnell – vor den Augen eines Paters, ohne das dieser eingriff oder auch nur ein Wort dazu sagte – den Nachtisch, wenn er glaubte, ein anderer hätte mehr als er. Das war allgemein bekannt und wurde nie zum Thema gemacht. Ich hatte ständig erhebliche Atemprobleme und konnte dem Tempo der anderen Schüler nicht folgen. So kam ich stets zu spät zum Mittagessen. Niemals haben sie gewartet, sie waren immer schon beim Essen, wenn ich im Speisesaal ankam. Mir war das peinlich und unangenehm. Alle schnappten das Beste und beim Fleisch das größte Stück. Das konnte ich nicht verstehen, hatte ich doch ein ganz anderes Bild von einer Klosterschule. Die Patres sagten nichts dazu, wenn jeder Schüler zunächst nur an sich dachte. Den Schülern kann man das ganz bestimmt nicht anlasten. Ich selbst hatte sowieso keinen Appetit und konnte nur wenig essen – zu wenig!

Um meine Wissenslücken zu schließen, bat ich um Nachhilfeunterricht. Kein Pater war dazu bereit. Ich verstand die Welt nicht mehr. Für ein wenig Geld half mir ein Klassenkamerad gelegentlich ein wenig, aber es war viel zu wenig, ich hätte schon mehr und professionellere Hilfe gebraucht.

Einmal, ich war erst einige Tage im Internat, war ein Wandertag angesetzt, und ich war nicht in der Lage, mich daran zu beteiligen. Darüber war ich natürlich ziemlich betrübt. Das Kortison hatten die Ärzte wieder einmal abgesetzt, hier war ja so gute Luft!, aber Neurodermitis und Asthma wurden von Tag zu Tag schlimmer. Meine Mitschüler waren schon früh zum Wandern aufgebrochen. Ich konnte nicht aufstehen – ich brauchte erst ein Asthmapulver, in Wasser aufgelöst. Nach einer halben Stunde war ich so weit, dass ich wenigstens einigermaßen atmen konnte. Traurig und allein befand ich mich noch im Schlafsaal. Pünktlich um acht Uhr sollte ich beim Direktor des Gymnasiums sein, um mir bei ihm Schulaufgaben für den Tag abzuholen. Ich konnte mich unmöglich an diese Zeit halten. Es kam auch niemand nachschauen, warum ich nicht käme.

Gegen halb neun betrat ich das Arbeitszimmer des Direktors, immer noch ziemlich schlecht bei Luft. Stockend und furchtsam und mit schlechtem Gewissen sagte ich ihm, es sei mir unmöglich gewesen, um acht Uhr bei ihm zu sein. Der Direktor hat mich gleichsam wie einen Verbrecher behandelt, er war sehr böse, dass ich es gewagt hatte, zu spät zu erscheinen. War er ganz und gar blind? Sah er nicht meine Atemnot? Das schlimmen Schelte werde ich nie vergessen, es war erniedrigend und verletzend. Wie sollte ich so viel Unmenschlichkeit verstehen? Er war doch der Pater eines Klosters ...

Übrigens – keiner stellte mir Fragen wie etwa: »Wie geht es dir?« »Wie kommst du zurecht in deiner neuen Umgebung?« Brauchst du Hilfe und welche?« »Vogel friss oder – stirb!« war die unausgesprochene Devise in jener Klosterschule.

Ich schlief in einem großen Schlafsaal mit vielen anderen Schülern, oder besser gesagt, ich hätte gerne geschlafen, denn den größten Teil der Nacht lag ich wach da. Vierzehn Tage war ich nun im Internat. Es kam eine Nacht, wie sie nicht schlimmer hätte sein können. Ein Hustenreiz quälte mich mehr und mehr, das Asthma wurde schlimmer und das Asthmapulver half nicht mehr.

Den Hustenreiz konnte ich bald nicht mehr unterdrücken. Weil ich immer mehr husten musste, ging ich mit viel Mühe nach draußen auf den Flur, um die Mitschüler weniger zu stören. Bald schon kam der Präfekt, ein noch junger Pater, mein Religionslehrer, erbost aus seinem Zimmer: Ich störte ja seine Nachtruhe. Ich musste in den Schlafsaal gehen, mein Bettzeug nehmen, und so ging es durch die langen Gänge bis zum Krankenzimmer. Er ging neben mir und half mir nicht, mein Bettzeug zu tragen, obwohl die Atemnot sehr heftig war. Eine solche Herzlosigkeit, und das in einer Klosterschule, war für mich unfassbar und hat mich zutiefst erschüttert.

Es kam noch schlimmer: Der Pater ließ mich die ganze Nacht im Krankenzimmer allein liegen, obwohl ich kaum Luft bekam. Auch ein weiteres Asthmapulver half nicht. Niemand kümmerte sich weiter um mich, und kein Arzt wurde geholt, obwohl mein Zustand lebensbedrohlich war. Im Kloster – diese Nacht des Grauens und der Grausamkeit!

Am nächsten Morgen hatte man es sehr eilig. In einem Krankenwagen brachte man mich mit Blaulicht so schnell wie möglich in ein nahe liegendes Krankenhaus: Status asthmaticus – akute Lebensgefahr! Man kümmerte sich um mich, ich bekam Spritzen und Infusionen, in der folgenden Nacht war eine Nachtschwester wie ein Engel für mich, sie half mir mit zu überleben.

Von zu Hause bekam ich keinen Besuch, das sei nicht nötig, die Fahrt sei für meine Mutter zu weit, es ginge mir ja schon ein wenig besser, habe ich gesagt, um meine Mutter zu schonen. Ich hätte ein schlechtes Gewissen gehabt, hätte sie die Strapazen einer so weiten Reise auf sich genommen. Das stetige schlechte Gewissen, mein zuverlässiger Begleiter wie Asthma und Neurodermitis …

Der Prozess der Genesung war schwierig, es wollte einfach nicht besser werden, und man wollte mich schon wegen der gravierenden Asthmaanfälle in eine Universitätsklinik verlegen, da bekam ich plötzlich in der Nacht sehr hohes Fieber, und mit dem Fieber verschwand das Asthma fast ganz: Ich konnte es nicht fassen! Natürlich – man war im Krankenhaus gut zu mir – das hat geholfen. Da gab es einige liebe Krankenschwestern und auch die meisten Ärzte waren freundlich. Der Präfekt der Unterstufe des Internats, ein Pater mit viel Herz, besuchte mich im Krankenhaus, und darüber habe ich mich sehr gefreut.

Vier Wochen war ich im Krankenhaus, dann kam ich zurück ins Internat. Ich wollte es noch einmal versuchen. Alles, was ich in den vier Wochen versäumt hatte, sollte ich so schnell wie möglich nachholen – alle Klassenarbeiten nachschreiben –, der Druck war enorm, und ich war dem nicht gewachsen. Ich arbeitete und arbeitete und arbeitete – viel mehr als die anderen. Hilfe gab es wiederum nicht, wie ich zurecht kam, das war den Patres anscheinend gleichgültig.

Obwohl ich so lange im Krankenhaus gewesen war, kam – außer dem Präfekt der Unterstufe – keiner auf die Idee, mich zu fragen: »Wie fühlst du dich nach dem langen Krankenhausaufenthalt?« »Glaubst du, dass du es schaffst?« »Wie können wir dir helfen?« Nur der Präfekt der Unterstufe fand ab und zu ein gutes Wort für mich. Leider hatte ich mit ihm zu wenig zu tun.

Ich wurde von Tag zu Tag kränker. Neurodermitis und Asthma wurden wieder schlimm. Ich kam wieder ins Krankenzimmer, in den Nächten war ich allein, bis ich, vierzehn Tage nach der Entlassung, wieder ins Krankenhaus eingeliefert wurde. Nach vier weiteren Wochen Krankenhausaufenthalt ging ich schließlich zum Direktor des Internats – er war wieder gesund – und meldete mich von Internat und Schule ab. Ich hätte im Internat nicht überlebt, geschweige denn jemals das Abitur gemacht. Dem Direktor des Internats war das alles sehr peinlich, und er fand Worte des Bedauerns, ich spürte, er hatte ein Herz für Schüler. »Wir hätten dich nie und nimmer aufnehmen dürfen, beim Direktor des Gymnasiums und seiner unerbittlich strengen Art hattest du als Kranker keine Chance!« Aber Jesus hat sich doch liebevoll um Kranke gekümmert, und wie viele Kranke wurden in seiner Nähe heil, allein indem er ihnen seine Liebe zeigte! Wussten die meisten Patres das nicht? Dennoch, ich hatte gerade noch überlebt, mit viel Glück – und dafür bin ich bis heute dankbar.

Nach etwa 8 Monaten Krankenhausaufenthalt – mit jeweils kleinen Unterbrechungen – kam ich in meine Heimatstadt zurück. Ich wurde an meiner alten Schule wieder aufgenommen, der Direktor kannte mich ja gut und hatte sich immer um mich gesorgt. Im Internat des Klosters hätte ich keine Chance gehabt, so sagte er damals, und deshalb habe er mich auch gar nie aus der aktuellen Schülerliste gestrichen. In einer Klosterschule ohne Chance als Kranker, an einem städtischen Gymnasium aber wohl – wer will das begreifen?

Für kurze Zeit ging ich noch einmal in die Unterprima, um mich in der Schule und der neuen Klasse einzuleben, dann fing ich die Oberprima noch einmal an, denn die Versetzung in die Oberprima hatte ich ja zum Glück vor der schweren Erkrankung geschafft. Ich tat mich sehr schwer in der neuen Klasse, aber es ging so gerade. Man war mir wohl gesonnen ...

Mein Leben mit der Krankheit war eine Gratwanderung. Mal bekam ich mehr oder weniger Kortison, mal versuchte man es ganz abzusetzen, aber es ging einfach nicht: Ohne Kortison hätte ich nicht überlebt. Mein Hausarzt verschrieb mir Bindegewebsmassagen. Er schickte mich zu einer Frau in die Praxis, die ihrer Arbeit sorgfältig und sanft nachging. In ihrer behutsamen Art brachte sie mich immer wieder auf die Beine. Dann fuhr ich nach kurzen Fehlzeiten mit dem Fahrrad zur Schule, das ging besser als zu Fuß. Stets hatte ich ein Pümpchen zum Inhalieren gegen Asthma dabei. Ohne dieses Pümpchen wagte ich mich nirgends hin.

In der Schule hatte man mir den Spitznamen »Asthma« gegeben – schlimmer hätte man mich nicht verletzen und beschämen können. Und immer wieder war da ein Schüler, der so »taktvoll« war, mir zu sagen, wie hässlich ich im Gesicht aussähe – immer dann, wenn meine Gesichtshaut entzündet war wegen der Neurodermitis. Wer weiß, wenn er gewusst hätte, wie sehr er mich mit seinen Schikanen quälte, vielleicht hätte ich ihm leid getan, und er hätte es unterlassen.

Vor Schmerzen hatte ich fürchterliche Angst. Dennoch, wenn Haut und Asthma mir tagelang zusetzten und ich das Gefühl hatte, ich halte diese Hölle nicht mehr aus, kamen in mir Impulse hoch, die ich selber nicht verstand: Ich wollte Hand an mich legen, kratzte aber glücklicherweise »nur« wie ein Besessener: lieber Schmerzen als dieser Juckreiz. Zum Glück habe ich damals diese Impulse nicht in die Tat umgesetzt, obwohl ich manchmal ganz nah daran war. Was kann ein Mensch alles aushalten?

Beim schriftlichen Abitur hatte ich hohes Fieber. Trotzdem schrieb ich alle Klausuren. Das konnte natürlich nicht gut gehen. So hing schließlich alles von den mündlichen Abiturprüfungen ab. Ich wurde geprüft in den Fächern Religion, Mathematik und Latein. Direktor und Lehrer waren mir alle wohlgesonnen. Sie wussten schon, was ich konnte. So bekam ich bei den mündlichen Abiturprüfungen in Religion ein »Sehr gut«, in Mathematik ein »Gut« und in Latein ein »Befriedigend«. Das Abitur war geschafft. Froh und dankbar nahm ich das Reifezeugnis aus den Händen des Direktors entgegen.

Auf der Hochschule der Jesuiten

Es wird viele Leserinnen und Leser erstaunen, dass ich trotz schlimmster Erfahrung mit Vertretern der Kirche bei meinem Wunsch blieb, Priester zu werden. Es gab unterschiedliche Stimmen in meiner Seele. Da war die eine Stimme, die die Berufung klar und vernehmlich bejahte, ohne dass ich konkret wusste, wie ich meine Berufung einmal leben würde, und da war die andere Stimme, die Unsicherheit und Zweifel äußerte. Hinzu kam, dass eine dritte Stimme unbeantwortete Fragen wiederholte und über ungelöste Probleme rumorte ...

Ich empfand mich als ein leidenschaftlich die Wahrheit suchender Mensch. Das Leid hatte mich so stark geprägt, dass billige Antworten für mich nicht in Frage kamen. Die existenziellen Fragen, die alle Menschen stellen sollten, bewegten mich Tag und Nacht. »Wer ist Gott?« »Gibt es Gott überhaupt?« »Warum gibt es so viel Leid auf der Welt?« »Warum müssen Kinder leiden?« »Gibt es wirklich einen Teufel, und droht uns tatsächlich ewige Höllenstrafe?« Ich sollte diese Fragen noch viele Jahre lang stellen, bis es in mir aufhörte, nach dem ‚Warum' zu fragen und mich mehr darauf zu konzentrieren, wie wir als Menschen glauben und leben und uns gegenseitig unterstützen können. Meine quälenden Fragen sprach ich damals nicht aus und verschloss sie in meinem Herzen.

In meiner Berufung zum Priestertum fühlte ich mich trotz ungelöster Fragen und nicht geheilter Erkrankungen einigermaßen sicher. Ich wollte Seelsorger sein, und vieles würde ich anders machen – das war mir von Anfang an klar. Dafür aber hatte ich noch viel zu verarbeiten, ahnte ich schon damals, ohne dass ich genauer hätte benennen können, was da an Trauerarbeit noch auf mich zukommen würde.

Zu Beginn des Studiums standen Exerzitien nach *Ignazius von Loyola* auf dem Lehrplan. Die ersten Exerzitien dauerten acht Tage und waren mit einer strengen Schweigepflicht verbunden. Das Gespräch mit dem Spiritual war möglich, ja, erwünscht, auch die Beichte war ein wichtiger Bestandteil der Exerzitien. Täglich gab der Spiritual »geistliche Impulse«. Die Feier der Eucharistie stand ebenfalls auf dem täglichen Programm. Ich hielt mich viel in der Kapelle auf, aber auch in einem wunderschönen Park, der zur Hochschule gehörte. Die Exerzitien, so wie sie praktiziert wurden, haben mir in keiner Weise in meiner Entwicklung weiter geholfen. Die »geistlichen Impulse« waren zu einem Teil Gift für meine Seele. Den Menschen in der Hölle, so der Spiritual, würde es ergehen wie den Fliegen. Sie bewegen sich stets auf eine Lichtquelle zu und werden dann abgeschmettert. So ergehe es auch den Menschen, die ohne vorherige Beichte oder Liebesreue in der Todsünde sterben. Sie würden in alle Ewigkeit im Feuer der Hölle gequält und von Gott als der Quelle allen Lichtes immer wieder gleichsam abgeschmettert. Das hat meine Angst nur noch vergrößert. Das Schweigen während der Exerzitien fand ich unerträglich, und das regelmäßige Beichtenmüssen brachte mir wie den anderen wenig Erleichterung.

Was ist nun wirklich eine Todsünde – so meine stetige Frage. Es wurde ja auch in der Kirche damals gelehrt, dass zur Todsünde eine klare Erkenntnis, ein freier Wille, eine böse Absicht und eine schwerwiegende Sache gehörten. Vom Kopf her war mir schon klar, dass diese Kriterien auf mich nicht zutrafen – und dennoch fühlte ich mich ständig schuldig und schmutzig. Die massiven Schuldgefühle klebten wie Pech an mir, und das sollte noch viele Jahre so bleiben – als Folge des Traumas der sexuellen Gewalt und der daran sich anschließenden Beichte.

Mit dem Studium der Philosophie fing das Studium an der Hochschule an. Ich war ein aufmerksamer, fleißiger, interessierter Student. Das Studium der Philosophie half mir jedoch nicht, im Gegenteil, es verunsicherte mich noch mehr. Kann man die Existenz Gottes beweisen? Das war eine der wesentlichen Fragen. Es wurden sogenannte Gottesbeweise vorgetragen und wissenschaftlich untersucht. Da war nur der Kopf gefragt. Der Seele half das alles nicht. Es war einfach nicht üblich, den Menschen in seiner Ganzheit zu sehen und bei der Suche nach Erkenntnis zu berücksichtigen. Das ist sicherlich ein Grundproblem bis heute, auch wenn es zum Teil gewaltige Entwicklungen und Veränderungen, und sei es nur bei einzelnen Theologen bzw. theologischen Fakultäten, gegeben hat.

Mein Zimmer, die Kapelle, die Vorleseräume und der Speisesaal, alle Räume der Hochschule lagen in einem Haus und dazu gab es den wunderschönen Park. Die kurzen Wege im Hause ermöglichten mir das Studium, weitere Wege hätte ich wegen des Asthmas nicht geschafft.

Meine Haut schuppte wieder stark, so dass ich morgens die Schuppen regelmäßig zusammen fegen musste. Meine Scham darüber war groß. Den

Weg zum Arzt schaffte ich so gerade. Der Arzt verschrieb mir sehr viele Medikamente, auch Kortison, schwach dosiert wegen der möglichen Nebenwirkungen. Jedes Mal, wenn ich nach dem Arztbesuch in die Apotheke ging, stieg ich auf die Waage, um mein Gewicht zu kontrollieren. Waren das Anfänge einer Magersucht? Je weniger ich wog, desto besser fand ich das. Ich bekam zusätzliche Mahlzeiten, zugenommen habe ich nicht, ich wollte das auch gar nicht – warum auch immer. Vom ersten Augenblick meines Studiums an hatte ich erhebliche Verdauungsstörungen und nahm regelmäßig Medikamente. Auch dadurch konnte ich nicht zunehmen. Woher kam die plötzlich eintretende Verstopfung? Nie in meiner Schulzeit bin ich auf eine Toilette der Schule gegangen, das war mir völlig unmöglich. War das ein Grund für die Verstopfung? Die Gründe lagen natürlich viel tiefer, nur wusste ich nicht darum. Ganz plötzlich bekam ich eine Nierenkolik. Ich musste ins Krankenhaus, bekam dort allerdings fast nichts gegen die unerträglichen Schmerzen. Zum Glück ging der Stein bald von selber weg.

Die Patres waren freundlich und mir wohlgesonnen. Meine wirkliche Not, die sich hinter meinen Krankheitssymptomen versteckten, nahmen aber auch sie nicht wahr. Ich selber konnte auch nicht darüber sprechen. Die Patres als Seelsorger wollten auch uns zu Seelsorgern erziehen. Wussten sie genug um die Seele eines Menschen? Schon Jesus hat gesagt: »Wenn ein Blinder einen Blinden führt, dann fallen beide in die Grube«. Die defizitären Kenntnisse der menschlichen Seele war den Patres natürlich nicht bewusst, aber gerade das scheint mir das Problem in der Ausbildung und Struktur der Kirche gewesen zu sein: nicht den größten Wert auf einen Bereich zu legen, der gleichsam die Grundlage aller theologischen Wissenschaft und Praxis sein muss ...

Wie schon immer – es gelang mir nicht, freundschaftliche Kontakte zu anderen Theologiestudenten zu entwickeln. Es wurde viel von Liebe geredet, aber wirkliche Freundschaft war nicht so sehr erwünscht. Das könnte eine Berufung erschweren! Gegen Versuchungen und Schwierigkeiten gab es gute »Hilfsmittel«, wie man sagte: Eucharistie, Beichte, Gebet, Anbetung, Rosenkranz und Exerzitien – das sei mehr als genug!

Vor jungen Frauen müsse man sich in Acht nehmen: Sie galten als mögliche Verführerinnen und gefährdeten so eine Berufung. Es war eine reine Männerwelt, in der ich während meines Studiums lebte und in der ich mich zu keiner Zeit wirklich wohl fühlte. Mit dem Studium der Philosophie gab es keine Probleme, ich schaffte alle Prüfungen. Auch das Studium der Theologie

85

war problemlos, was Lernstoff und Prüfungen betraf. Selbst eine Kur in Davos, mitten im Semester, änderte nichts daran.

In meinem Kopf war alles klar, was ich zu lernen hatte, meine Seele aber hatte mit dem Lernstoff die größten Schwierigkeiten. Bibelwissenschaft und Exegese verunsicherten mich total. Alles in der Bibel wurde gleichsam seziert – Satz für Satz, Wort für Wort. Das half nicht, zu glauben: Im Gegenteil – die Fragen und Zweifel wurden nur noch größer. Hat sich all das, was da in der Bibel stand, auch genauso ereignet? Wer waren die Verfasser der einzelnen Schriften? Wer hat an wen geschrieben? Welche Berichte lagen ihnen vor? Was waren ihre Aussageabsichten? Fragen über Fragen. Zum Glück, so meinte man, gab es die Dogmatik. Ihre Lehren waren ganz klar. Ein guter Katholik hatte das alles zu glauben! Zweifel durfte nicht sein, geäußert werden durfte dieser noch weniger: Dann wurde der Dogmatikprofessor richtig böse. Die eindeutige Lehre der Moral wurde uns vermittelt – ein ganz klein wenig entschärft. Das alles hatten wir im Kopf gespeichert. Es wirkte aber auch zu einem nicht unerheblichen Teil vergiftend in unsere Seele hinein.

Mein Studium fiel in die Zeit des Zweiten Vatikanischen Konzils – dennoch blieb es bei der alten Lehre von Sünde und Schuld, Fegefeuer und Hölle, Teufel und Erlösung und Himmel. Und es blieb natürlich das Sakrament der Beichte – Sakrament des Heiles –: sicher auch ein Machtinstrument in den Händen von Priestern. Gott weiß, wie viel Unheil Menschen in der Beichte erfahren mussten ...

Die höchste Tugend für einen Theologiestudenten und künftigen Priester war die Keuschheit. Der Eucharistie darf ein Priester nur mit reinem Herzen vorstehen.

Reinheit wurde aber *zu* ausschließlich mit Keuschheit in Verbindung gebracht. Ein Theologiestudent und Priester müsse darum besonders häufig zur Beichte gehen. Auch während des Zweiten Vatikanischen Konzils war eines ganz klar: Absolutes Prinzip für jeden, der Priester werden möchte, ist und bleibt der Zölibat und ein Leben in Ehelosigkeit. Größte Zurückhaltung vor Frauen war geboten. Gottes Berufung zum Priestertum durfte nicht durch eine Frau gefährdet werden. Berufung zum Priestertum und Berufung zur Ehelosigkeit, beides war aneinander gekoppelt. Die »Mächtigen« in der Kirche wollten es so, da war keine Diskussion möglich. Wie man das leben kann, darüber wurde nicht gesprochen und wirkliche Hilfen wurden nicht angeboten. Was man als Hilfen anbot, waren Scheinlösungen. Wusste man nicht um das Bibelwort »Es ist nicht gut für den Menschen, allein zu sein«? Wie sollte ein Priester mit dem Alleinsein und der Einsamkeit fertig werden?

Wie wirkliche menschliche Entwicklung bzw. menschliches Wachstum möglich ist, war nie Thema. Auf Jesus von Nazareth konnte man sich nicht berufen, was den Zölibat betraf, was übrigens auch nicht geschah. Ich glaubte damals, dass das alles so richtig sei und habe es letztlich nie in Frage gestellt.

Ein abtrünniger Priester, einer, der eine Beziehung zu einer Frau einging, galt als »Verbrecher« und wurde seines Amtes enthoben und in die Wüste geschickt. Da gab es kein Erbarmen. Wie dieser Mensch in seiner Seele damit fertig würde, war dessen Sache, er hatte sich das ja schließlich selbst eingebrockt. Und wenn er auch noch so ein guter Priester war, das half ihm nichts. Ich sah das damals auch so, wie die Patres es lehrten: Dass es möglicherweise ein Unrecht an einem Menschen und einer Gemeinde sein könnte, war mir nicht bewusst.

Das Zweite Vatikanische Konzil war für mich von größtem Interesse. Was würde sich in der Kirche ändern? Für das Studium hatte das leider noch kaum eine Auswirkung oder gar Konsequenzen. Immer wieder wurde besonders ausdrücklich auf eines hingewiesen: Am Zölibat wird sich nichts ändern! Ein Priester muss ganz rein sein als Vorsteher der Eucharistie, seine Hände sind ja durch die Priesterweihe besonders geweiht. Sind Eheleute weniger rein?, habe ich später gefragt. Sexualität hatte immer etwas Sündhaftes an sich, und weil Eheleute ja »so etwas« taten, waren sie nicht würdig, der Eucharistie vorzustehen und die geweihte Hostie in die Hand zu nehmen. Ich habe das alles damals so geglaubt. Hat Jesus so über die Ehe gesprochen?, habe ich später gefragt.

Ich bestand also alle Prüfungen und hatte alles in meinem Kopf gespeichert, mein Herz war aber viel zu kurz gekommen und weiter vergiftet worden. Heil hat stets mit menschlicher Nähe zu tun – das wusste man aber an der Hochschule nicht. Ein Priester darf nicht wirklich lieben. Was für ein Menschenbild ist das? Später sollte ich vieles in einem neuen Licht erkennen: Gott sei Dank!

Meine Berufung zum Priestertum war klar – so spürte ich es auch am Ende meiner Zeit an der Hochschule in einem Teil meiner Seele sehr deutlich.

Haben alle Leiden einen verborgenen Sinn – ich glaube heute: Ja!

Im Priesterseminar

Das Priesterseminar ist etwas ganz Besonderes – so dachte ich. Hier erfolgen die letzten Vorbereitungen für den Dienst als Priester in der Gemeinde. Hier gibt es ein Leben in Liebe und Freiheit. Die Ideale des Christentums sind hoch.

Was würde mich im Priesterseminar erwarten? Ich war gespannt. Nach wenigen Tagen musste ich feststellen: Von wirklicher Freiheit – einem Erwachsenen gemäß – war nichts zu verspüren. Im Gegenteil: Ich empfand die Atmosphäre bedrückend. In meiner Freiheit fühlte ich mich sehr eingeschränkt. Da war etwas, was mir die Luft zum Atmen nahm, und, ach, dieses Gefühl kannte ich ja schon lange. Das Priesterseminar löste die ganze Problematik wieder neu aus ...

Einen Hausschlüssel gab es für keinen Seminaristen. Abends waren die Türen nach draußen viel zu früh verschlossen. Darf man in der Kirche nicht ein aus Verantwortung heraus frei handelnder erwachsener Mensch sein?, war meine Frage schon damals im Priesterseminar. Die Antwort: Gehorsam dem Bischof gegenüber war eine der höchsten Tugenden und unbedingte Pflicht. Der Bischof steht in der apostolischen Nachfolge Jesu, und der Papst ist Stellvertreter Christi auf Erden, was ich in dem, was damit eigentlich gemeint ist, nicht im geringsten in Frage stellen möchte.

Im Sinne Jesu habe ich das Priesteramt stets als ein Amt des Dienens gesehen und nicht als Amt des Herrschens! Ich wollte Diener zum Heil der Menschen sein, ein Hirtenamt ausüben, aber nicht Macht ausüben, wie sie bis heute in der Kirche von vielen ihrer Mitglieder beansprucht wird. Mir war damals schon längst klar: Nichts war Jesus fremder, als zu den »Mächtigen«, zum Establishment zu zählen. Ich wusste schon damals, dass Paulus Petrus heftig widersprochen hatte und ihn auch überzeugen konnte. Auf den Geist Gottes hören, der in den Herzen der Menschen spricht, wusste man davon auch in der oberen Etage der Kirchenmänner?

Natürlich, und damit kehre ich zum »Problem Hausschlüssel« zurück, ließen sich einige Seminaristen heimlich den Hausschlüssel nachmachen und machten auch tüchtig Gebrauch davon. Nur erwischen lassen durfte man sich dabei nicht! Ich war dazu ja viel zu ängstlich und brav. Vor allen Dingen hätte mir das wieder neue Schuldgefühle beschert, und davon hatte ich nun wahrlich mehr als genug ...

Die Hausordnung war sehr streng. Nur bei offener Tür durfte man das Zimmer eines anderen Seminaristen betreten. (War man misstrauisch?) Auch daran hielten sich einige natürlich nicht! Zu viel Kontakt oder gar eine Freundschaft galt als verdächtig und war nicht gut für einen Priesteramtskandidaten. Wie es zu wirklich guten Begegnungen kommt, wie Vertrauen wachsen kann, wie man als Mensch und Priester in dieser Welt leben kann, wie eine Seele wirklich heil werden kann, wie man den Verletzten und Verwundeten am Wegesrand wirklich begegnen kann, all das konnte ich im Priesterseminar nicht lernen, das war nicht Thema.

Mein Gefühl der Einsamkeit und die Krankheitssymptome wurden zwar stärker, waren aber gerade noch erträglich in einer Weise, dass ich am Leben im Seminar teilnehmen und auch studieren konnte. Regelmäßig ging ich zum Arzt, wie schon ein Leben lang, es war ein weiter und mühsamer Weg. Einen Tag ohne Medikamente kannte ich schon lange nicht mehr. In den Vorlesungen gab es nichts Neues gegenüber der Jesuitenschule. Einzig den Professor für das Neue Testament habe ich in guter Erinnerung. Die mit Abstand besseren Professoren waren in der Jesuitenschule gewesen.

Jeden Sonntag gingen wir in Soutane und mit Birett zum Gottesdienst in den Dom. Ich fühlte mich in dieser Kleidung überhaupt nicht wohl, aber es war unbedingte Pflicht. Die Seminaristen rannten gleichsam zum Dom, ich aber konnte nur langsam gehen, so ging ich jedes Mal den Weg ganz allein. Natürlich war mir das unangenehm. Wäre Jesus im Priesterseminar gewesen, er wäre sicher häufiger mit mir gegangen. Geist und Atmosphäre wären ganz anders gewesen ...

Nach dem Zweiten Vatikanischen Konzil gab es die Liturgiereform, ich fand das sehr gut so. Die Messe wurde nun in deutscher Sprache gefeiert und der Priester kehrte der Gemeinde nicht länger den Rücken zu. Allerdings: Von der Eucharistiefeier, vom Mahl der Liebe!, erfuhren wir im Priesterseminar herzlich wenig. Hingegen war ein besonders wichtiges Thema, wie der Priester die Beichte entgegen nahm. Es blieb zwar bei der alten Lehre, allerdings sollten wir uns weniger rigoros verhalten. Wie man mit Menschen in der Beichte wirklich umgeht und wie man vor allem ihr Vertrauen erreicht und wie wirklich Heil durch Gott geschenkt wird, all das war nicht wirklich Thema, dafür qualifizierte Professoren gab es leider nicht.

Meine Ängste blieben. Nicht die Liebe stand im Mittelpunkt, sondern die Tugenden der Keuschheit bzw. Ehelosigkeit und des Gehorsams. Wie man das als erwachsener Mensch leben kann, dazu gab es keine wirklichen Impulse; was angeboten wurde, waren Scheinlösungen. In dieser Hinsicht hat sich sicher heute einiges verbessert.

Nun standen noch die sogenannten Weihexerzitien an, danach sollten wir zu Priestern geweiht werden. Es gab kaum jemanden, der mit der Art, wie die Exerzitien stattfanden, einverstanden war und sie wirklich gut fand. Das hatte auch sicher viel mit dem Zweiten Vatikanischen Konzil zu tun. Man fing an, mehr zu denken und mehr Fragen zu stellen. Vor der Priesterweihe gab es für jeden Priesteramtskandidaten ein Einzelgespräch mit dem Diözesanbischof, er war sehr freundlich zu mir. Das Gespräch war aber zu kurz, und so blieb es zu sehr an der Oberfläche. Es ging vor allem um meine Berufung zum Priestertum. Die war für mich klar, ich spürte das damals sehr deutlich, übrigens heute noch genauso, ich wollte vor allem Menschen dienen und ihnen zur Seite stehen. Dass ich selber ganz viel Liebe und Hilfe brauchte, um dazu in der Lage zu sein, war mir damals nicht bewusst.

Dennoch – ich spüre es deutlich und sage es darum noch einmal: Es war und es ist der richtige Beruf, auch wenn (oder besser: gerade weil!) ich heute vieles ganz anders sehe als vor der Priesterweihe. Damals war ich bereit zu einem Leben als Priester (ohne zu wissen, wie das eigentlich richtig gehen soll). Vielen anderen wird es wohl ähnlich ergangen sein.

Ich erlebte es als Befreiung, als die Zeit und das Leben im Priesterseminar vorbei war.

Priesterweihe und Primiz

Die Eucharistie mit Priesterweihe war eine beeindruckende Feier. Ich war froh und dankbar. Ich hatte überlebt und mein ersehntes Ziel erreicht – trotz meiner angeschlagenen Gesundheit. Die Feier war natürlich anstrengend und aufregend. Kaum einer, der mich genauer kannte, hatte an mein Überleben geglaubt, geschweige denn, dass ich dieses Ziel je erreichen würde. Ich empfing das Sakrament der Priesterweihe durch den Diözesanbischof und gehörte nun dem Stand der Kleriker an. Bedeutender als andere habe ich mich aber weder damals noch in meinem späteren Leben gefühlt, zu sehr hatte ich die absoluten Tiefen und Höllen des Lebens schon erleiden müssen. Ich wollte nur dem Heil der Menschen dienen, das spürte ich deutlich, und ahnte schon, dass ich dafür selber auch heiler, gesünder werden müsse. Wie das gehen sollte? Ich hatte keine Ahnung. Wussten die anderen neu geweihten Priester das auch nicht? Wussten es die, die mich auf das Priestertum vorbereitet hatten?

Umfang der Verwüstung und Vergiftung meiner Seele, verursacht vor allem durch die Lehren der Kirche, waren mir damals nicht bewusst. Dies alles verbarg sich hinter meinen seelischen Ängsten und körperlichen Symptomen.

Im kleinen Kreis feierten wir die Priesterweihe, dann begannen bald schon die Vorbereitungen für die Primiz in meiner Pfarrgemeinde. Erst am Tag der Primiz durfte ich mein Elternhaus betreten. Die Freude der Menschen meiner Gemeinde war echt. Haus und Straße waren geschmückt, Fahnen wehten, wo ich Kindheit und Jugend erlebt hatte. Ich war meinen Nachbarn, die alles so wunderbar geschmückt hatten, sehr dankbar. In Soutane und Birett (den Leuten zuliebe, ich trug beides bei meiner Primiz zum letzten Mal) zogen wir mit vielen Messdienern und anderen Priestern zur Kirche. Ich durfte zum ersten Mal in meiner Gemeinde und mit meiner Gemeinde Eucharistie feiern und der Eucharistie vorstehen.

Ich war sehr aufgeregt. Viele Jahre hatte ich in jener Kirche Messdiener sein dürfen und jetzt durfte ich den Dienst des Priesters übernehmen. Es war ein herrliches Fest, das mir meine Gemeinde bereitet hatte. Nach der kirchlichen Feier gab es eine große weltliche Feier mit Familie und vielen Gästen. Das alles war sehr strapaziös, ich fühlte mich trotz des Glücks krank. Auch meine Mutter war überglücklich, dass ich mein Ziel erreicht hatte. Ich war auch für meine Mutter froh, war doch auch ihre Gesundheit angeschlagen.

Nun wartete ich auf meine erste Stelle als Kaplan. Das sollte einige Monate dauern, ich sollte mich zuerst erholen. Dann endlich wurde ich zum Kaplan einer kleinen Gemeinde in der Nähe von Aachen ernannt, in einem Gebiet, wo Kohle abgebaut wurde, nicht gerade gesund für einen Menschen mit Asthma.

Ich war unglücklich darüber, meine Heimat zu verlassen, und gleichzeitig freute ich mich auf meine erste Stelle. Meine Mutter zog mit mir. Das war auch für sie schwer, liebte sie doch ihre Heimat, aber sie tat es gern, mir zu Liebe. Sie wollte mir den Haushalt führen. So kam es zum großen Umzug, und ich zog in die Kaplanei ein und durfte meinen Dienst in der Gemeinde beginnen.

Die Zeit als Kaplan in Hoengen (1965 – 1971)

Im Grunde völlig unvorbereitet trat ich meine erste Stelle als Kaplan in Hoengen bei Alsdorf an. Ich kannte das Leben, wie es wirklich war, viel zu wenig. Ich war offen und bereit, mich auf die Menschen meiner Gemeinde einzulassen, ob jung oder alt, ob krank oder gesund. Ich spürte, und das war sehr erstaunlich, Kraft und Energie in mir, das war die eine Seite meiner Seele, die nun endlich richtig aktiv werden konnte, – die andere Seite litt wie schon ein ganzes Leben lang, vor allem in den Nächten.

Ich war auf den Pastor gespannt. Es sollte sich erweisen, dass ich mit ihm Glück hatte. Er war ein intelligenter Mann, in seiner kirchlichen Einstellung eher konservativ, aber dennoch nach anfänglichen Widerständen doch auch wandelbar. Vor allem war er tolerant und ließ mich durchaus nach eigenen Vorstellungen arbeiten. Obwohl er ein Choleriker war, das zeigte sich vor allem nach dem Gottesdienst, wenn er anderer Meinung war als ich und in der Sakristei laut werden konnte, ging er doch sofort auf meine Bitte ein, Gespräche nur im Pfarrhaus zu führen. Waren wir aber im Pfarrhaus angekommen, war sein Zorn verraucht, und so waren faire Gespräche möglich.

Mit meinem Vorgänger, der in der Sakristei zurückgeschrien hatte, war das ganz anders gewesen. Die Gläubigen hassten solche lauten Auseinandersetzungen unmittelbar nach dem Gottesdienst. In seinem Haushalt beschäftigte mein Pastor eine Witwe, und gemeinsam hatten sie ein Mädchen im Pfarrhaus aufgenommen. Diesem Mädchen, obwohl es ihn Onkel nannte, war er wie ein guter und treu sorgender Vater. Als jenes Mädchen später heiratete und einen Sohn bekam, war er auch diesem wie ein guter Großvater. Das sollte für mich für mein späteres Leben Beispiel sein.

Meine wichtigste Aufgabe, so hatte man mir beigebracht, war die Feier der Eucharistie. Ich brauchte viel Zeit für die Vorbereitung und war vor allem bei der Ansprache sehr nervös. Ich bemühte mich aber, frei zu sprechen. Das sollte trotz Anspannung, die immer blieb, mir zum Glück immer leichter fallen. Der Frühgottesdienst um sieben Uhr morgens fiel mir besonders schwer.

Von Anfang an ging ich in die Volksschule und gab in einigen unteren Klassen Religionsunterricht. Ich arbeite ein Konzept aus, um danach den Religionsunterricht zu halten. Schnell musste ich aber feststellen, dass das so nicht ging. So stellte ich mich um, indem ich zwar die Stunde präzise vorbereitete, dabei aber stets offen blieb für alle Fragen, Sorgen, Ängste und Nöte der Kinder. So verlief der Unterricht oft ganz anders, als ich gedacht hatte. Schnell durfte ich auch lernen, und dafür war ich dankbar, wie Kinder denken und fühlen, und konnte mich immer mehr in ihr Leben hineinversetzen.

Hautnah erlebte ich bei den kleineren Kindern, aber auch bei Jugendlichen, was ich alles in Kindheit und Jugend versäumt hatte, und das tat sehr weh. Sprechen darüber konnte ich immer noch nicht. In Selbstmitleid verfiel ich aber nicht, es war schon erstaunlich, welche Kraft und Energie in mir war, sonst hätte ich ja auch nicht überlebt.

Für ein Jahr erteilte ich auch Religionsunterricht in einer Sonderschule. Der Gewalt in dieser Schule, die dort Alltag war, war ich nicht gewachsen. Die Kolleginnen und Kollegen der Volksschule mochte ich und sie mich genauso – wir verstanden uns gut. Nach Auflösen der Volksschule gab ich Religionsunterricht an der Hauptschule der Nachbargemeinde. Das fiel mir viel schwerer, und es dauerte schon ziemlich lange, um mich auf die größeren Kinder der Hauptschule besser einlassen zu können.

Viel Freude bereitete mir die Arbeit mit den Messdienern, nur Jungen, wie damals üblich. Viele Stunden verbrachte ich mit ihnen im Jugendheim bei Gespräch und Spaß und Spiel.

Es gelang mir, ein tolles Team für die Jugendarbeit in der Gemeinde zu gewinnen. Diesem Team, aufgeschlossenen, engagierten, jungen und kritischen Frauen und Männern, verdanke ich viel. Die jungen Leute holten mich immer wieder auf den Boden der Realität zurück, und so erkannte ich allmählich, was wirkliches Leben in der Gemeinde ist.

Es begann ein schmerzlicher Lernprozess, Gott sei Dank noch rechtzeitig genug. Die bittere Folge war, dass mein ganzes religiöses Gebäude zusammenbrach, ohne dass die Menschen meiner Umgebung es mitbekamen, all das, was morsch und krank war und was die Kirche mir in ihren Lehren vermittelt hatte. Der Zusammenbruch des religiösen Gebäudes versetzte mich in eine Krise, machte mich aber zugleich auch offen für neue Lernprozesse. Ganz allmählich und sehr schmerzlich musste ich begreifen, wie wenig die Priester meiner Kindheit und Jugend meinem Heil gedient hatten, mich vielmehr mit unendlichen Ängsten, Scham und Schuldgefühlen vollgestopft hatten.

In dieser Zeit half mir ein alter Pfarrer – Pfarrer Thome. Ich bin ihm häufiger begegnet und habe all seine Pfarrbriefe gelesen. Er kam zu Vorträgen ins Jugendheim, was mein Pfarrer nicht gerne sah, war Pfarrer Thome für ihn doch zu weit von der reinen Lehre der Kirche entfernt, wie er meinte. Verboten hat er diese Veranstaltungen jedoch nicht, dafür war er ein zu toleranter Mensch.

Für mich ging es nun darum, ein neues und gesünderes religiöses Gebäude entstehen zu lassen, orientiert eben an diesem Jesus von Nazareth, der dem Heil der Menschen wirklich gedient hat. Es sollte viele Jahre dauern, bis in mir ein gesunder Glaube wachsen konnte, gegen alle Zweifel, Unsicherheiten und Ängste, die immer wieder wie Gespenster in meiner Seele auftauchen sollten. Was damals anfing zu wachsen, dafür war ich sehr dankbar. Die Menschen meiner Gemeinde bekamen den Wandel schon mit, aber nicht die schmerzlichen und quälenden inneren Kämpfe. Ich hatte ja gelernt, das für mich zu behalten ... Im Jugendteam konnte ich meine inneren Schwierigkeiten zu mindestens andeuten. Das Zweite Vatikanische Konzil unter Papst Johannes XXIII. hat mir für mein inneres Wachstum viele gute Impulse mit auf den Weg gegeben.

Die Anrede »Hochwürden« war mir peinlich, ich wollte das nicht, und die Menschen haben das sehr bald akzeptiert.

In der Beichtvorbereitung gab es nur ein wichtiges Thema: »Liebe Gott!«

»Liebe deinen Nächsten wie dich selbst!« Nach diesem Gebot zu leben geht nicht auf Kommando, so etwas kann nur ganz langsam wachsen. Und ich begriff, dass ich mich selbst kaum annehmen und lieben konnte. Dafür quälte mich mein Körper zu sehr Tag und Nacht, und dafür waren meine seelischen Probleme zu groß. Mir das selber einzugestehen fiel mir bereits schwer. In der Gemeinde bekam ich viel Zuwendung, ich denke noch gern an viele Kinder, Jugendliche, Messdiener, das Jugendteam und vor allem kranke Menschen, denen ich begegnet bin, zurück. So konnte ich schon bald auch anderen Menschen in Liebe begegnen. Mit dem Kopf hatte ich schnell begriffen, dass der Gott Jesu nur ein menschenfreundlicher Gott sein kann, das Herz konnte dem aber über zu viele Jahre nicht folgen. Ich habe zwar die Frohbotschaft verkündet, aber doch zu sehr vom Kopf her.

Im Zusammenhang mit der Beichtvorbereitung vor allem tobte in mir ein Kampf: Gibt es den Teufel? Gibt es eine ewige Höllenstrafe? Dieser Kampf sollte noch lange in mir toben, gab es doch zu viele verdrängte und unerledigte Gefühle! Mit dem sechsten Gebot wollte ich unter keinen Umständen Menschen und vor allem Kinder belasten. »*Du sollst nicht die Ehe brechen !*« sollte für Kinder kein Thema sein.

Für mich selber war das Thema Sexualität noch lange nicht erledigt, denn noch kein Fachmann war daran gegangen, diese Zeitbombe zu entschärfen. Es ging mir wie allen Menschen, die in ihrer Kindheit sexuelle Gewalt erlitten hatten und keine heilsame Therapie erlebt hatten.

Bald kamen (von Holland her) die Bußgottesdienste auf: auch in Gemeinden der katholischen Kirche Deutschlands. Das Jugendteam bat mich, nachdem wir uns lange darüber ausgetauscht hatten, diese Bußgottesdienste in unserer Gemeinde einzuführen. Mein Pfarrer stimmte dem unter dem Vorbehalt zu, die Bußgottesdienste dienten aber nur der Vorbereitung auf das Sakrament der Beichte.

Das war auch die offizielle Meinung der Diözesanspitze. Dass dies auf Dauer das Ende der Ohrenbeichte werden könnte, hat mein Pfarrer wie viele andere nicht geahnt. Die Bußgottesdienste gestaltete er selber, und das machte er sehr gut. Unzählige Menschen auch aus den Nachbargemeinden kamen in die Bußgottesdienste unserer Gemeinde. Und so begann die Praxis des Bußgottesdienstes Kreise zu ziehen: Die Pfarrer der Nachbargemeinden wollten doch ihre Schäfchen nicht in unserer Kirche sehen, sondern in ihrer behalten.

Schlagartig empfingen nur noch wenige Menschen das Sakrament der Beichte, und es sollten immer weniger werden. Ich selber geriet in einen neuen Konflikt. Die alte Botschaft war gleichsam in meine Seele eingebrannt: »Du musst unter allen Umständen das Sakrament der Beichte empfangen, wenn du schwer gesündigt hast, als Priester noch mehr als andere Katholiken!«, lautete das Verdikt von Bischöfen und Papst, immer wieder ausdrücklich betont. Die Beichtpflicht geriet aber immer mehr ins Wanken. Allmählich stellte ich das Beichten ein, aber mit schlechtem Gewissen über lange Zeit. Zuerst musste wie in allen anderen Fragen die Auseinandersetzung in meinem Kopf stattfinden, meine Seele folgte viel später und war dafür auf viel, viel Hilfe angewiesen.

Eine eifrige Kirchgängerin und gute Katholikin kam zu mir und stellte mir die Frage:»Bin ich eine gute Katholikin, wenn ich nur zum Bußgottesdienst gehe?« Ich spürte die Angst hinter der Frage. Sie stellte diese Frage als Mensch, der in der Beichte zu viel Qual und Erniedrigung und zu wenig Heil erfahren hatte. Ich wusste genau, was Kinder und vor allem Frauen meinten beichten zu müssen, über Sex zu reden war beschämend und demütigend für sie, ich kannte das ja selber allzu gut. »Nein!«, sagte ich spontan, »Sie müssen nicht beichten, der Bußgottesdienst erfüllt die gleiche Funktion, Sie sind eine gute Katholikin!« In aller Öffentlichkeit, vor allem in Gottesdiensten, durfte ich unter keinen Umständen so deutliche Worte verwenden, das hätte viel Ärger gegeben, immerhin war es ja gegen die offizielle Lehre der Kirche. Ein Unbekannter zeigte mich anonym in Aachen an, aber das Generalvikariat in Aachen reagierte auf diese anonyme Anzeige nicht, wohl wurde mir das fünf Jahre später gesagt, aber nicht als Vorwurf, der Personalchef war mir wohlgesonnen.

Eines Tages kam ein Vater in großer Not zu mir. »Mein Sohn ist Messdiener und geht bald zur Erstkommunion. Ich aber bin zum zweiten Mal verheiratet, was soll ich nur machen? Was soll mein Sohn denken, wenn Mutter und Vater nicht zur Kommunion gehen dürfen? Mein Sohn kann und wird das nicht verstehen! Die Kirche verbietet mir als Wiederverheiratetem den Empfang der Kommunion, selbst bei der Erstkommunion meines Sohnes darf ich das nicht, nur weil ich in meiner ersten Ehe gescheitert bin und es gewagt habe, noch einmal standesamtlich zu heiraten. Nach der Lehre der Kirche lebe ich ständig in schwerer Sünde.«

Ich sah wie der Mann sich quälte. Ich ermunterte ihn, seinem Herzen zu folgen. Das durfte ich natürlich *eigentlich* nicht. Seine zweite Ehe war ja ungültig. Da er somit permanent in der Todsünde lebte, durfte er nach der Lehre der Kirche unter keinen Umständen die Kommunion empfangen. Ich schlug dem Mann vor: »Kommen Sie am nächsten Sonntag zur Messe. Ich werde mir bis dahin überlegen, was zu tun ist.« Bei dieser Messe habe ich die folgenden Worte gesagt: »Wenn in unserer Kirche im Zusammenhang mit der Erstkommunion Wiederverheiratete auch die Kommunion empfangen möchten, wird kein Priester dieser Gemeinde sie übergehen.« Mein Pastor widersprach nicht – Respekt!

Eine wichtige Aufgabe als Kaplan war die Sorge um die Kranken. Unzählige Kranke, Hauskranke und Kranke in den umliegenden Krankenhäusern, habe ich in den fünf Jahren meiner Zeit als Kaplan besucht. Etwa 30 Kranken brachte ich monatlich die Kommunion, nachdem ich sie einige Tage vorher besucht hatte. Die Sorge um die Kranken lag mir, da durfte ich der Stimme meines Herzens folgen. Wohl hatte ich auch bei Kranken lange Zeit Berührungsängste. Ich hatte ja nie die Wärme eines Händedrucks zur rechten Zeit kennen gelernt. Das sollte sich aber auf Dauer ändern. Immer mehr konnte ich mich in Kranke hineinfühlen.

Ein alter Mann mit Staublunge bat mich, ich möge ihm doch die Krankenkommunion bringen. Auch er war wiederverheiratet. Das durfte ich aber nach der Lehre der Kirche nur, wenn er sich in akuter Lebensgefahr befand, seine Sünden bereute und vorher gebeichtet hatte. Ich sprach mit meinem Pastor, der mir antwortete: »Folgen Sie ihrem Gewissen!« Das genügte mir. Ich brachte ihm von da an regelmäßig die Krankenkommunion, und so fand er Frieden in seinem Herzen und starb einige Monate später. An Staublunge erkrankte Menschen hatte ich in dieser Kohle-Gegend relativ viele zu betreuen. Ihre ständige akute Atemnot hat mich sehr erschüttert. Ich spürte all meine Machtlosigkeit.

In einem Jugendgottesdienst in der Kapelle des Altenheimes wünschten Jugendliche zum erstenmal die Handkommunion. Auch die Handkommunion kam aus Holland, die offizielle Kirche hat sich zunächst dagegen gewehrt. Was sollte ich also tun? Es gab heiße Diskussionen im Jugendteam und mit den Jugendlichen. Ich wollte nicht nein sagen, meinen Pastor wollte ich aber auch nicht übergehen – das habe ich auch nie getan. Sinngemäß sagte er wie schon so oft: »Folgen sie ihrem Herzen!« Das genügte mir. So geschah es, dass beim Jugendgottesdienst viele Jugendliche zum erstenmal die Kommunion in die Hand empfingen. Mein Pastor hatte nicht damit gerechnet, dass die jungen Leute es wagen würden, auch in der Pfarrkirche die Hand zum Empfang der Kommunion aufzuhalten. Einige taten es natürlich und gingen auf die Seite, wo ich die Kommunion austeilte, und ich akzeptierte ihr Verhalten. Erregt sagte mein Pastor nach der Messe: »In unserer Kirche gibt es keine Handkommunion!« Das half ihm natürlich nicht. Die Handkommunion ließ sich nicht mehr verhindern. Immer mehr Gläubige kamen zur Handkommunion auf meine Seite. Das war eine schwierige Situation für meinen Pastor, aber auch für mich. Einige Wochen später war mein Pastor auch einverstanden mit der Handkommunion, ein weiteres Mal muss ich ihm meinen Respekt zollen.

Nach dem Zweiten Vatikanischen Konzil gab es erstmals Pfarrgemeinderäte, und ein Laie war jeweils der oder die Vorsitzende. Das passte meinem Pastor überhaupt nicht, obwohl er sich im Pfarrgemeinderat korrekt verhielt. »Nur beraten dürfen die Mitglieder des Pfarrgemeinderates, die Entscheidungen liegen letztlich bei mir!« So wurde das auch offiziell von oben gesehen. Verständlich die Schwierigkeiten, die mein Pastor mit dem Pfarrgemeinderat

97

hatte. Seine Macht aber hat mein Pastor nie missbraucht, was ich ihm hoch anrechne. Er war ein guter und eifriger Seelsorger.

Beinahe täglich hielt ich mich bei den Jugendlichen im Jugendheim auf. Ich fühlte mich wohl unter ihnen. Mit dem Jugendteam war ich bald einer Meinung, dass *alle* Jugendlichen im Jugendheim willkommen waren, auch die, die nicht regelmäßig in die Sonntagsgottesdienste gingen. Manch einer verstand das nicht. Immer mehr wurde ich vertraut mit den Fragen, Sorgen und Ängsten der Jugendlichen. Manches habe ich lange nicht verstanden – kein Wunder bei meiner Geschichte. Mit den Flüchen der Jugendlichen konnte ich lange Zeit überhaupt nicht umgehen – ich fand das sehr schlimm. Abgewöhnen konnte ich es ihnen aber auch nicht. In meiner Kindheit war mir nur ein einziges Wort erlaubt, wenn ich ärgerlich war, das Wort »verflixt«. Fluchen hätte ich ja beichten müssen. Die Jugendlichen hatten bei ihrem Fluchen überhaupt keine Schuldgefühle, und so gab ich bald den Versuch auf, es ihnen abzugewöhnen.

Ich war auch Präses der Kolpingfamilie. In ihren Versammlungen und bei den Vorträgen fühlte ich mich sehr wohl. Bald bat mich die Kolpingfamilie, an einem Samstagabend Karneval feiern zu dürfen. Ich war einverstanden – ich wollte nicht gegen die Mehrheit anders entscheiden. Mein Pastor hat sich darüber furchtbar geärgert, und es hat lange gedauert, bis er auf Bitte des Kirchenchores auch einverstanden war, an einem Samstagabend Karneval zu feiern. Die Einführung der Messe am Samstagabend half ihm dabei.

Alle Änderungen außer der Liturgiereform kamen von unten und wurden später von oben abgesegnet: *»Der Geist Gottes weht, wo er will!«*

Es waren Lehrjahre, die Zeit als Kaplan, schwierig, schmerzlich – aber fruchtbar. Meine Mutter führte den Haushalt. In meine Arbeit durfte sie nicht hineinreden. Daran hat meine Mutter sich stets gehalten – ein Grund zur Dankbarkeit. Meine Mutter fühlte sich oft einsam, wie ich es auch schon ein Leben lang empfunden hatte. Neue Kontakte knüpfen in der Gemeinde konnte meine Mutter nicht. Verständlich ihr ständiger Vorwurf: »Du lässt mich dauernd allein!« Da fühlte ich mich meist sehr schuldig.

Den Menschen, die mir in meiner Gemeinde nahe standen, konnte ich nicht anvertrauen, was alles in meiner Seele eingeschlossen war. Ich hätte, wenn ich mich getraut hätte, gute Freunde gefunden. Dass ich es noch nicht konnte, lag an mir, die Zeit war noch nicht reif dafür. Zu viel Angst und Scham beherrschten meine Seele – unheilvolle Folgen einer Erziehung durch Familie, Schule und Kirche. Obwohl ich die Sakramente des Heiles so oft empfangen hatte, war das Vertrauen in meiner Seele gründlich zerstört worden, und das Unheil hatte sich in meiner Seele immer weiter ausgebreitet.

Ein Wunder gleichsam, dass ich fünf Jahre als Kaplan so viele Dienste verrichten konnte. Mein Körper rebellierte immer mehr. Wie immer schon quälten mich die Krankheitssymptome Tag und Nacht. Das Asthma verschlimmerte sich dramatisch. Kortison war wieder einmal abgesetzt worden. Ich befand mich mitten in der Firmvorbereitung mit den Kindern, da musste ich zur Kur in den Schwarzwald gehen. Die Luftveränderung half natürlich nicht, sondern nur hochdosiertes Kortison, sonst wäre ich in der Kur gestorben. Wieder einmal überlebt – Gott sei Dank!

Die Versetzung in die Eifel nach Dreiborn stand an. Mir tat es weh, die vielen lieben Menschen verlassen zu müssen, denen ich so viel zu verdanken hatte. Auch das Jugendteam und die Jugendlichen bedauerten meine Versetzung, hatte es doch über fünf Jahre ein gute und offene Jugendarbeit gegeben – ohne Druck von oben, jeden Sonntag in die Kirche gehen zu müssen. Mein Pastor bedauerte meine Versetzung ebenfalls – ihm habe ich vieles zu verdanken. Mein Pastor erlitt nicht lange nach meiner Versetzung einen Herzinfarkt und verstarb viel zu früh. Sehr traurig war ich, dass die Jugendarbeit mit dem neuen Pastor bald zu Ende ging, hatte er doch ein ganz anderes Konzept von Jugendarbeit. Das Jugendheim steht denen offen, die am Sonntag den Gottesdienst besuchen.

Der Abschied von Hoengen, wo ich als Kaplan gedient und ein Stück Heimat gefunden hatte, war betrüblich. Und da war die bange Frage: Was würde jetzt kommen? Wie würde ich es in der Eifel antreffen?

Die ersten Jahre als Pfarrer in Dreiborn (1971 – 1978)

Im Alter von 35 Jahren kam ich hierher nach Dreiborn, eine kleine Eifelgemeinde, wo ich die Pfarre bis heute inne habe. Die Einführung in der Kirche war beeindruckend und anschließend gab es eine weltliche Feier in einem großen Saal. Der Vorsitzende des Pfarrgemeinderates begrüßte mich sehr herzlich: Ich spürte, wie er für ein Gremium sprach, in dem ich willkommen war. Auch die weltlichen Vereine waren bei der Feier zugegen. Ich war überrascht über die Vielzahl der Vereine für ein Dorf von rund 900 Einwohnern (mit Berescheid rund 1100). Es gab ein reges Vereinsleben und gute Kontakte zur Pfarrgemeinde.

Es gab während der Feier musikalische Einlagen durch den Kirchenchor und die Kapellen des Dorfes. Ganz deutlich konnte ich auch das Wohlwollen der Menschen meiner neuen Gemeinde spüren. Es sollte allerdings noch eine geraume Zeit vergehen, bis das Heimweh nach meiner ersten Stelle verging. Die Menschen machten es mir leicht, mich bald bei ihnen wohl zu fühlen. Ich begann meinen Dienst mit viel Offenheit und innerer Bereitschaft. Von Anfang an fühlte ich mich auch mit meinem Küster, Organisten und Chorleiter verbunden, daraus sollte eine Freundschaft entstehen.

Kaum war ich Pfarrer, schon stand die Restaurierung der Kirche an. Zum Glück gab es einen tüchtigen Kirchenvorstand und einen engagierten Kirchenrendant, das sollte zum Glück bis heute so bleiben: Menschen, die mit viel Begeisterung und Sachverstand zum Wohle der Gemeinde arbeiteten. Als Pfarrer war ich der Vorsitzende des Kirchenvorstandes, konnte aber bis auf den heutigen Tag Vorbereitung und Leitung an den Kirchenrendant delegieren. Ich brauchte Zeit, um mich in die Aufgabenbereiche des Kirchenvorstandes einzuarbeiten. Von Finanzen und Kirchenbau verstanden die Mitglieder des Kirchenvorstandes mehr als ich: Ich fühlte mich in erster Linie als Seelsorger. Kirchenvorstand und Rendant war ich sehr dankbar, dass sie die notwendige Arbeit wie selbstverständlich übernahmen.

Bei der Restaurierung der Kirche kam die Frage auf: Wo ist Platz für den Beichtstuhl? Am Ende gab es keinen Platz für den Beichtstuhl, was natürlich kein Zufall war. Die Kinderbänke zu beiden Seiten des Altares waren wichtiger als der Beichtstuhl. Ein Beichtraum wurde gegenüber der Sakristei eingerichtet. Wirkliche Beichtgespräche von Mensch zu Mensch, wo Vertrauen wachsen konnte, das fand ich gut. Auf die Dauer sollten Beratungsgespräche im Pfarrhaus die Ohrenbeichte immer mehr ersetzten. Abgeschafft habe ich die Ohrenbeichte nicht, die Menschen kamen einfach nicht mehr und das hatte viele gute Gründe.

Die Restaurierung der Kirche glückte, und auch wenn wir heute einiges anders machen als damals, waren wir alle stolz und zufrieden mit dem Ergebnis und können gut mit unserer Dreiborner Kirche leben.

Im Pfarrgemeinderat fühlte ich mich als primus inter pares mit besonderem seelsorgerischem Auftrag. Die Tatsache, dass ein Laie der Vorsitzende des Pfarrgemeinderates war, war für mich nie ein Problem, wie es bei anderen Pfarrern der Fall war. Mit meinem Pfarrgemeinderat hatte ich viel Glück, und so sollte es auch immer bleiben. Der Pfarrgemeinderat sollte sich immer mehr als Leitungsgremium der Gemeinde entwickeln. Zunächst war das gelegentlich noch ein Problem für mich, bald aber überhaupt nicht mehr. Ich bin dankbar, dass ich erkennen und begreifen durfte, dass engagierte katholische Laien genauso wie Geweihte mündige und kompetente Christen sind, fähig zu viel mehr als nur den Pfarrer zu beraten.

Schnell bildete sich ein Caritasausschuss, zuständig vor allem für die alten und kranken Menschen unserer Gemeinde. Regelmäßig besuchen die Mitglieder der Caritas (vor allem kurz vor Weihnachten und Ostern) die Kranken und die alten Leute ab 80 und überbringen ihnen ein kleines Geschenk als Zeichen dafür, dass wir sie nicht vergessen und für sie da sind, so weit sie uns brauchen. Einmal im Jahr bereitet der Caritasausschuss eine Fahrt für Seniorinnen und Senioren vor und jeweils im Advent eine Weihnachtsfeier. Viele alte Menschen beteiligten sich daran und sind froh und dankbar dafür. Die Vorbereitungen machen viel Arbeit, bringen aber auch viel Freude beim gemeinschaftlichen Tun und dem Gefühl, Agape, die Nächstenliebe ernst zu nehmen ...

Einige Jahre später bildete sich ein Liturgiekreis, zuständig vor allem für Familiengottesdienste an Feiertagen mit kleineren Kindern. Der Liturgiekreis hat von Beginn an selbstständig gearbeitet und seine Vorgaben habe ich stets dankbar übernommen. Die Familiengottesdienste sind nach wie vor gut besucht – ein Zeichen, dass die engagierte Arbeit des Liturgiekreises angenommen und für gut befunden wird.

Es dauerte nicht lange, da bildete sich auch ein Jugendteam, und bald gab es eine reihe verschiedener Jugendgruppen. Wie schon in Hoengen, so hielt ich mich auch hier in Dreiborn von Beginn an viel bei den Jugendlichen auf. Es gab Jugendwochen mit breiter Beteiligung der Jugendlichen, wo viele Probleme und Anliegen der jungen Menschen behandelt wurden. Heute ist Jugendarbeit so nicht mehr möglich. Sie läuft unter veränderten Bedingungen anders – allerdings nicht weniger schlecht als damals.

Ebenfalls in den früher 70er Jahren wurde ein Kinderchor gegründet, der von unserem Küster, Organisten und Chorleiter geleitet wurde. Messdiener und Kinderchor bildeten bald eine Gruppe, nicht unumstritten in den Gremien und in der Gemeinde.

Mädchen kamen immer wieder zu mir mit der Frage, warum sie nicht auch Messdienerinnen sein durften. Von Rom her war das verboten – Mädchen als Messdienerinnen: unmöglich! Bald aber fand ich keine Gründe mehr, die Mädchen weiter auszuschließen. Als auch der Pfarrgemeinderat grünes Licht gab, nahm ich die Mädchen als Messdienerinnen an. Einige in der Gemeinde taten sich anfangs sehr schwer damit, aber das sollte nicht lange dauern. Wir waren eine der ersten Gemeinden mit Messdienerinnen. Manche Pastöre fanden das gar nicht gut. Die Bischöfe duldeten es stillschweigend. Mehr als siebzig Mädchen und Jungen machten im Kinderchor mit. So konnten sie mit ihren Liedern die Gottesdienste auf wunderbar lebendige Weise mit gestalten: eine Bereicherung, die gern von der Gemeinde angenommen wurde.

Unvergessen sind auch die tollen karnevalistischen Kindersitzungen, die vom Kinderchor mit seinem Dirigenten vorbereitet und mit gestaltet wurden. Einige Male gab es auch Erholungsfahrten mit dem Kinderchor. Eltern fuhren als Begleitpersonen mit. Drei Wochen fuhren wir in Richtung Süden in die Alpen, und für alle, die mitgefahren sind, sind das Wochen, die sie nie vergessen werden.

Ehrenamtlich für die Pfarrgemeinde zu arbeiten: Viele Dreiborner Frauen und Männer sind stets dazu bereit gewesen, und ihnen allen fühle ich mich stark verbunden.

Meine Aufgaben in der Gemeinde waren von Anfang an vielfältiger Natur. Die Sorge um alte und kranke Menschen war stets ein wesentlicher Punkt in meiner Arbeit. Unzählige Begegnungen mit ihnen bei Hausbesuchen und in Krankenhäusern gab es – viele Begegnungen haben mich erschüttert und beeinflusst.

Unter anderem denke ich an die vielen Krebskranken, die viel zu früh sterben müssen. Das hat mich oft sehr belastet. Und in mir entstand immer wieder die große Angst, auch an Krebs zu erkranken. Diese Angst ist heute kaum noch da. Die Begegnung mit kranken Menschen war nie eine Einbahnstraße: Ich bekam viel zurück, was meine Existenz bereicherte. Die Begleitung vor allem von Sterbenden kostete viel Kraft und machte mir oft auch Angst. Wenn ich in ein Trauerhaus kam, fühlte ich mich zunächst machtlos. Welche Worte finden? Oder nur schweigend und mit Anteilnahme da sein?!

Zum Glück gab es auch freudige Begegnungen. Es war erfrischend, zu Taufgesprächen in die Häuser zu gehen oder Brautleute im Pfarrhaus zu empfangen. Ich musste noch sehr viel lernen, bis ich ihnen besser und angemessener begegnen konnte. Überwältigt war ich oft von dem Vertrauen, das Menschen mir entgegen brachten. Tauffeiern und Brautmessen in der Kirche gehören für mich zu den Höhepunkten im Leben als Pfarrer: Hier helfe ich, Leben für die Zukunft vorzubereiten ...

Für die Vorbereitung der Gottesdienste brauchte ich viel Zeit, vor allem für die Ansprache. Ich konnte nur Texte und Gebete nehmen, mit denen ich mich auch selber identifizieren konnte. So war es auch mit der Ansprache. Was mich selber innerlich berührte, was auch für mich Thema war, nur darüber konnte ich sprechen.

Bußgottesdienste durfte ich auch in der Gemeinde einführen, sie wurden von vielen Menschen besucht und angenomen. Der Besuch der Beichte wurde von Jahr zu Jahr weniger: Es war eine Befreiung für die Menschen, wie sie es immer wieder sagten, auch für alte Leute. Wollte jemand dennoch beichten, habe ich das selbstverständlich akzeptiert – ich selber aber habe niemanden dazu aufgefordert.

Ganz wichtig waren die alljährlichen Vorbereitungen auf die Erstkommunion und alle fünf Jahre auf das Sakrament der Firmung. Die Kommunionkinder erhielten den Kommunionunterricht von mir, das machte mir viel Freude. Ich konnte das, da die Gemeinde Dreiborn relativ klein ist. Die Eltern waren stets mit einbezogen und engagierten sich von Jahr zu Jahr mehr. Eltern übernahmen die Firmvorbereitungen, und die Rückmeldung der Kinder zeigte mir, wie einfühlsam sie sich in den kleinen Gruppen mit den Firmlingen austauschten und sie so auf die Firmung vorbereiteten.

Von Anfang an gab ich wöchentlich vier Stunden Religionsunterricht in der Grundschule Dreiborn. Mit dem Kollegium fühlte ich mich schon bald freundschaftlich verbunden, und so ist es auch geblieben. Unzählige religiöse Gespräche, offen, ehrlich, persönlich, durfte ich im Kollegium führen. Welch gute Erfahrung: mit Lehrern gemeinsam am Haus Gottes zu bauen, mit den Kindern zu arbeiten. In der Schule habe ich mich als Pfarrer immer frei, lebendig und froh gefühlt – auch wenn es manchmal anstrengend ist. Ab 1972 gab ich neben meiner Arbeit an der Grundschule fast zwanzig Jahre lang Religionsunterricht am Städtischen Gymnasium. Auch das Kollegium des Gymnasiums nahm mich freundlich auf.

Die Arbeit mit den jungen Menschen am Gymnasium war für mich eine stetige Herausforderung. Am Anfang musste ich tüchtig Lehrgeld bezahlen. Es war sehr anstrengend, aber auch für mich zunehmend fruchtbarer. Ich bemühte mich, auf alle Probleme und Fragen der jungen Menschen einzugehen und sie ernst zu nehmen. Mit Respekt und in Liebe durfte ich unzähligen Schülerinnen und Schülern begegnen. Ich verdanke den jungen Menschen viel. Ich bin überzeugt, manches gute Samenkorn in ihre Herzen gesät zu haben ...

Ich habe die Mehrzahl der Bücher von Eugen Drewermann gelesen. In seinen Werken fand ich, wonach ich suchte und was ich dringend benötigte, fühlte ich mich doch in vielen Fragen nach wie vor unsicher. In meinem Herzen waren immer noch sehr viele Ängste und Zweifel. Die Schriften Drewermanns haben mir vor allem geholfen, einen neuen Zugang zur Liebe zu finden. Seine Schriften haben mich innerlich berührt und mir allmählich mehr Klarheit gegeben. Ihm bin ich zu großem Dank verpflichtet. Ich bin traurig darüber, wie die offizielle Kirche Eugen Drewermann behandelt hat, offenbar hat sie ihn in vielen Dingen nicht verstanden. Ich fürchte, Drewermann ist von der offiziellen Kirche zutiefst verletzt worden. Ob es je von offizieller Seite eine faire Würdigung seiner Schriften und seiner Person und so Wiedergutmachung gibt? Er will nichts als eine wahrhaftige (und notwendige!) Erneuerung der Kirche – aus Liebe zur Kirche!

Trotz der guten Eifelluft blieb mein Gesundheitszustand äußerst labil. Ohne Kortison in Form von Spritzen oder Tabletten konnte ich nicht leben. Die Nächte waren unruhig und schmerzvoll – die Haut quälte mich –, weil ich Kortison nicht zu hoch dosiert einnehmen wollte. An Schlaf war kaum zu denken. Um irgendwann doch noch zur Ruhe zu kommen, blieb mir nichts anderes übrig, so glaubte ich damals, und so sah es auch der Hausarzt, als bis 1978 Nacht für Nacht Valium 10 einzunehmen. Zum Glück brauchte ich am Tag kaum Beruhigungstabletten. Dass es für mich auch andere und bessere Wege geben könnte, war für mich unvorstellbar. Man hatte mir ja immer gesagt, dass meine Krankheiten Schicksal seien. Kein Arzt hat mir gesagt, dass meine Krankheiten mit meiner Seele zu tun haben könnten.

Wie ich die Arbeit trotzdem schaffte, und ich machte sie ja gerne, ist mir aus der Rückschau betrachtet ein Rätsel. Aber so ist der Mensch: Er macht einfach weiter. Welche Wahl hat er auch, wenn er es nicht besser weiß? Zwischendurch gab es immer wieder Kuraufenthalte – in der Regel in den Sommerferien.

1972 – Tod meiner Mutter

Als schwerkranke Frau war meine Mutter mit nach Dreiborn gezogen, um mir auch hier den Haushalt zu führen. Der gute Wille war da, aber der Arbeit war sie nicht mehr gewachsen. Zum Glück fanden wir eine Frau aus der Gemeinde, die im Pfarrhaus half. Auch eine Nachbarin stand uns zur Seite.

Bald stellte sich heraus, dass meine Mutter einen bösartigen Gehirntumor hatte, eine entsetzliche Krankheit. Sie hatte von Anfang an keine Überlebenschance. Meine Mutter litt an unerträglichen Kopfschmerzen, die kaum zu lindern waren. Auch das Herz wollte nicht mehr so richtig. An Heiligabend 1971 war meine Mutter plötzlich verwirrt und warf alles durcheinander. Sie war sich ihrer Verwirrung bewusst, unglücklich und voller Ängste. »Werde ich verrückt?« Diese bange Frage klingt mir immer noch in den Ohren. Es war ein finsteres Weihnachtsfest. Ängstlich verfolgte ich jede kleinste Veränderung bei meiner Mutter. Schließlich kam sie ins nahe gelegene Schleidener Krankenhaus. Eine Wesensveränderung trat ein. Obwohl ich sie täglich besuchte, warf sie mir in ihrer Verwirrung vor, ich käme nicht häufig genug zu ihr. Schließlich wurde sie in die Universitätsklinik nach Köln verlegt. Selber gesundheitlich angeschlagen, empfand ich es als schwierig, Krankenbesuche, Arbeit in Schulen und Gemeinde zusammen zu bringen.

Obwohl es keine Aussichten auf Rettung gab, wollte man meine Mutter noch operieren. Mein Herz schrie nein, mit dem Kopf habe ich ja gesagt: eine sinnlose Operation. Meine Mutter wusste nicht darum, hätte ich es ihr gesagt, sie hätte es nicht verstanden. Wenn ich meine Mutter besuchte, sah ich, wie sie litt, und fühlte mich selber völlig machtlos. Krebs – eine Geißel der Menschheit! Wie oft hatte ich diese Floskel gehört; nun erlebte ich, wie wahr sie war. Ich war mit meiner Mutter am Boden zerstört.

In der Nacht vor der geplanten Operation verstarb meine Mutter plötzlich. Als ich es erfuhr, war in mir nur: Leere. Mein Körper reagierte mit totaler Unruhe. Ich konnte es nicht fassen. Wie vieles hätte ich noch meiner Mutter sagen wollen – vorbei. Für meine Mutter war der Tod eine Erlösung von einem schweren Leben. Meine Tränen waren eingefroren, ein erlösendes Weinen war mir nicht möglich. Der Tod meiner Mutter bedrückte mich sehr, zugleich kamen massive Schuldgefühle auf, die Jahre anhalten sollten: ich bin schuld am Tod meiner Mutter, ich habe mich viel zu wenig um sie gekümmert. Aussprechen konnte ich diese Gefühle nicht. Ich fühlte mich einsam. Meine

Umgebung bekam das nicht mit – ich hatte dies alles wie immer in mein Herz eingeschlossen.

Ich erfuhr viele Worte des Trostes und des Mitgefühls, und dafür bin ich dankbar. Schamgefühle verhinderten wie schon immer, mich Menschen gegenüber zu öffnen. Ich konnte es damals einfach nicht. Viel zu früh im Alter von erst 57 Jahren war meine Mutter gestorben. Auch bei der Beerdigung in ihrer Heimatgemeinde konnte ich Gefühle wie Trauer und Schmerz nicht zulassen.

Schuldgefühle plagten mich Tag und Nacht. Dass das auch alte Schuldgefühle waren, wusste ich damals nicht. Die Schuldgefühle hatten ganz viel zu tun mit der Lehre der Kirche, die meine Seele verwüstet und vergiftet hatte. Meine Mutter hat mir gegeben, was sie konnte, es war viel zu wenig: Aber mehr zu geben war sie auf Grund ihrer eigenen Geschichte nicht in der Lage. Dies schreibe ich aus einem versöhnten Herzen heraus. Ich bin meiner Mutter dankbar, dass sie mir das Leben geschenkt hat.

Kurze Zeit nach der Beerdigung ließ ich den Leichnam meiner Mutter nach Dreiborn überführen, da sich in Viersen niemand um ihr Grab kümmern konnte. Es war aber auch eine (mir damals natürlich nicht bewusste) symbolische Handlung. Mit meiner Mutter sollte ich mich später noch sehr lange auseinander setzen müssen.

Zwei Schwestern führten mir über 11 Jahre den Haushalt: Sie taten es vorbildlich. Sie arbeiteten nicht nur im Haushalt, es gab auch viele andere Arbeiten, wie das in einem Pfarrhaus üblich ist. In einem Pfarrhaus gehen viele Menschen ein und aus, und auch am Telefon melden sich viele Menschen. Ich bin den Schwestern dankbar, sie haben mir sehr geholfen, mehr als ich dies in Worten zum Ausdruck bringen kann.

Mein Dienst in Gemeinde und Schulen wurde nie zur Routine – das meiste tat ich mit ganzem Herzen. Viel Dankbarkeit kam als Geschenk zurück ...

In meiner Seele aber tickte die Zeitbombe, jahrein, jahraus: All das unerledigte »Zeug«, tief eingeschlossen, und ich wusste immer noch nicht darum. Das Kortison half mir zu überleben. Wie lange aber konnte das noch gut gehen? Zu allem Unglück kam noch eine Arthrose am rechten Hüftgelenk hinzu, die immer gravierender wurde und mir diabolische Schmerzen bereitete. 1975 stand die Operation an: eine Korrektur des Hüftgelenks, eine schwierige Angelegenheit. Vor Narkose und Operation hatte ich Angst. Am Abend vor der Operation fühlte ich mich einsam. Der Narkosearzt und der Operateur waren Männer, gute Ärzte, aber sie lösten große Angst in mir aus.

Ich war nicht in der Lage, ihnen zu vertrauen. Zu viele Männer hatten mein Leben unheilvoll geprägt. Am liebsten wäre ich weggelaufen, gleichzeitig schämte ich mich. Als die Narkose eingeleitet wurde, befand ich mich bald in einem Zustand, wo ich mich weder bewegen noch atmen konnte. Ich war bei vollem Bewusstsein und geriet in Panik, konnte mich aber nicht bemerkbar machen und hatte das sichere Gefühl: Nun ist es so weit!

Es war grauenvoll. Die Operation gelang, der Schock der Narkose aber blieb. Sieben Wochen blieb ich in der Klinik. Ich bekam viel Besuch aus Dreiborn, von Verwandten und Bekannten – das hat mir sehr geholfen. Schließlich durfte ich nach Hause, musste aber ein halbes Jahr auf Krücken gehen. Dennoch nahm ich sogleich den Dienst in Gemeinde und Schule wieder auf. Dank Automatik konnte ich ja sogar Auto fahren.

Der Pfarrgemeinderat beschloss auf meine Bitte, Kommunionhelfer (Frauen und Männer) in den Gottesdiensten einzusetzen. Mit meinen Krücken war ich selbst nicht in der Lage, die Kommunion auszuteilen. So waren wir eine der ersten Gemeinden mit Kommunionhelfern. Die Gemeinde hat das recht bald angenommen. Die Messe feierte ich ein halbes Jahr sitzend, und die Messdiener hatten ihren Spaß daran, mich auf einem Rollstuhl vom Lesepult zum Altar zu fahren.

Die »Lebensdauer« des Hüftgelenk war auf etwa 10 Jahre geschätzt, aber erstaunlicherweise »geht« es heute immer noch mit diesem 1975 eingesetzten Hüftgelenk, obwohl das linke Hüftgelenk jetzt mehr Schwierigkeiten bereitet. Ich war damals dankbar, dass ich wieder ohne Schmerzen gehen konnte.

1978 – Beginn der Psychotherapie

In mir kam mehr und mehr die Ahnung auf, dass die heftigen Körpersymptome nicht Zufall, nicht Schicksal und nicht Vererbung waren, wie man schon in meiner Kindheit immer wieder behauptet hatte, sondern dass da ein Zusammenhang bestand mit den Erlebnissen aus Kindheit und Jugend.

War ich seelisch krank? Wurden da etwa schwerwiegende Konflikte durch Körpersymptome zugedeckt?

Es fiel mir begreiflicherweise alles andere als leicht, diese Fragen zuzulassen. Was alles war da in einer schwarzen, unzugänglichen Ecke meiner Seele vergraben? Ich spürte immer deutlicher, dass die Behandlung der Symptome unzureichend war bzw. an der eigentlichen Ursache vorbei ging. Im übrigen war die Einnahme vor allem von Kortison und Valium 10 allmählich gefährlich. Man kann – mehr oder weniger hoch dosiert – damit zwar eine Zeit lang überleben, aber eben nur eine Zeit lang.

Die Spuren von Kortison an meiner Haut konnte ich sehen. An einigen Stellen war die Haut ganz dünn. Von ärztlicher Seite aus war mir keine psychotherapeutische Behandlung empfohlen worden. Für kurze Zeit (als ich als Jugendlicher in der Universitätsklinik war) war ich ja einmal zur Behandlung bei einem Psychotherapeuten gewesen, und das sogar stationär, allerdings ohne jeden Erfolg: Die Zeit war damals offenbar noch nicht reif gewesen, egal aus welchen Gründen. Die Vorstellung, als Pfarrer eine psychotherapeutische Behandlung zu beginnen, löste in mir wieder einen Tumult aus. Die Angst riss mich hin und her. Wie würde die Gemeinde reagieren? Dass ich anderen damit Mut machen könnte, den gleichen Weg zu gehen, auf diese Idee kam ich nicht.

Schließlich wurde der Leidensdruck unerträglich, und so musste es wohl auch sein. Ich sprach meinen Hausarzt auf eine Therapie an, mit ganz viel Scham, und war angenehm überrascht, dass er für mein Anliegen offen war und es befürwortete. Ich dachte an eine Gruppentherapie, ohne zu ahnen, worauf ich mich da einlassen würde. Ich wusste auch niemanden, mit dem ich dieses Problem genauer hätte besprechen können. Mein Arzt gab mir eine Liste von anerkannten Psychotherapeuten. Nun suchte ich einen, der bereit war, mich in seine Gruppe aufzunehmen.

Das erwies sich als äußerst schwierig. Geschockt musste ich feststellen, dass ich eine Absage nach der anderen bekam. Es hieß dann immer wieder, einen Priester würden sie in die Gruppe nicht aufnehmen, das ginge einfach nicht, ich würde durch die Tatsache, dass ich Priester sei, zu sehr von den anderen Gruppenmitgliedern angegriffen und (das erschütterte mich noch mehr!) als Priester der römisch-katholischen Kirche hätte ich sowieso kaum eine Chance auf Genesung. Das konnte ich damals überhaupt nicht verstehen. Wurde in der Kirche nicht dauernd von Heil gesprochen und die Sakramente des Heils gespendet? Wieso sollte ich da als Priester schlechtere Chancen auf Genesung haben als andere Menschen?

Das alles hat mich sehr nachdenklich gemacht. Eine ganze Liste von Therapeuten hatte ich also und jede Menge Absagen, meine Verzweiflung wuchs mehr und mehr. Schließlich fand ich doch einen Therapeuten, der bereit war, auch einen katholischen Priester in eine seiner Gruppen aufzunehmen. Es gab Stimmen, die dringend von einer Therapie abrieten, doch zum Glück habe ich nicht auf sie gehört. Das ist jetzt mein Weg, so habe ich es deutlich gespürt, und ich werde mich einlassen, was immer kommen mag, denn schlimmer als es praktisch mein ganzes 42-jähriges Leben gewesen ist, kann es ja wohl kaum noch werden. Ich ließ mich auf einen völlig unbekannten Weg ein.

Muss ich durch einen schwarzen Tunnel, und wird es für mich das Licht am Ende des Tunnels geben, war meine bange Frage. Zugleich mit der Therapie begann ich, mich intensiv mit der Psychologie auseinander zu setzen. Dazu las ich ein Buch nach dem anderen. Einer Reihe von Kollegen gegenüber musste ich auf der Hut sein und tat gut daran, psychologische Themen nicht zu erwähnen und mit ihnen zu diskutieren. Ich habe das am Anfang versucht, aber es erging mir dabei meistens schlecht, hielten viele Kollegen doch überhaupt nichts von Psychologie und Psychotherapie. Kann man das begreifen? Damals habe ich das nicht begriffen, heute aber etwas mehr.

Die Psychotherapie wurde ein dorniger, schmerzlicher und langer Weg in Richtung Genesung. Und ich war ein ungeduldiger Mensch! Ich wusste noch nicht, wie sehr meine Seele vor allem durch die Lehren der Kirche vergiftet und verwüstet war. Die Pax Krankenkasse übernahm die Kosten, das war nie ein Problem auf dem weiten Weg der Genesung, auch dafür bin ich sehr dankbar.

Warum Gruppentherapie und nicht Einzeltherapie, wird manch einer fragen. Für mich war das Problem, dass ich mich nicht für wert befand, die teure Einzeltherapie in Anspruch zu nehmen! Dazu fühlte ich mich nicht berechtigt. Dieses Gefühl, nicht besonders viel wert zu sein und nicht zu etwas Besonderem berechtigt zu sein, war ja ein mir vertrautes uraltes Gefühl, vermittelt auch durch die Kirche. Darf ich als Priester überhaupt den Weg der Genesung gehen? Welche Konsequenzen könnten sich daraus ergeben? Auch das waren Fragen, die Beklommenheit auslösten. Eigentlich erschütternd, sage ich mir heute, dass ich als Priester so fragen musste ...

Ich war aufgeregt, mein Herz schlug mir zum Hals heraus, als ich zu meiner ersten Therapiestunde fuhr. Worauf ließ ich mich da ein? Sollte ich wieder zurück nach Hause fahren? Und dann saß ich in der Gruppe. Das lange Schweigen brachte eine unerträgliche Spannung in den Raum. Unvermittelt gab es heftige Gefühlsausbrüche – Trauer, Schmerz, Wut ... Manche schlugen auf Kissen, andere schrien. Der Therapeut arbeitete methodisch bzw. funktional mit den Gefühlen seiner Patientinnen und Patienten. Und ich saß dazwischen. Oh, Gott! Ich hatte es doch nie in meinem Leben gelernt, Gefühle zu äußern! Meine Gefühle waren schon viel zu lange in meiner Seele einge-schlossen. Die Türen der Seele lassen sich nicht so einfach öffnen ...

Ich hätte es nicht aushalten können, wenn zu schnell und zu viele Gefühle frei gesetzt worden wären. Mein Unterbewusstsein war schon ein guter Freund von mir. Ein menschenfreundlicher Gott muss sich das ausgedacht haben. Stumm saß ich in der Gruppe und war unfähig, auch nur ein einziges Wort zu sagen. Die massiven Gefühle der Gruppenmitglieder machten mich sprachlos und er-schütterten mich. Vor allem die Wut von Männern, wenn sie auf Kissen schlu-gen und schrien, empfand ich als lebensbedrohlich. Sie lösten uralte Gefühle in mir aus. Ohne jede Vorwarnung reagierte ich mit meinem Körper ganz heftig in einer Weise, wie ich es so noch nie erlebt hatte. Mein Herz schlug rasend schnell, mein Atem wurde schnell und schneller, meine Hände und Füße waren starr, Panik stieg hoch bis zur Kehle: der erste besonders schwere Anfall von Hyperventilieren. Ich empfand das als lebensbedrohlich.

Die Gruppe erlebte ich als eisig kalt. Keiner reichte mir die Hand oder nahm mich in den Arm. Danach fragen konnte ich auch nicht. Wer würde mich schon in den Arm nehmen? Und Männer durften mir sowieso nicht zu nahe kommen. Auch der Therapeut ignorierte meine Reaktion zunächst. Ich war doch ganz neu in der Gruppe und wusste nicht, was mir geschah. Was ging da mit mir vor? Musste ich sterben?

Der Therapeut ging schließlich mit mir in einen anderen Raum und gab mir irgendwelche Tropfen. Es dauerte ziemlich lange, bis Herz und Atmung sich beruhigt hatten und ich Hände und Füße wieder bewegen konnte. Es dauerte Stunden, bis ich in der Lage war, nach Hause zu fahren. Das Gleiche sollte sich beim nächsten Mal wiederholen. Darum nahm der Therapeut mich endgültig aus der Gruppe heraus, das würde ich nicht überleben, suggerierte er mir.

Wie kann ein Mensch in einer eisigen Atmosphäre, wie ich sie in dieser Gruppe erlebte, überhaupt gesund werden? Ich fühlte mich wie schon so häufig in meinem Leben allein gelassen, verraten und im Stich gelassen. Gleichzeitig hatte ich das Gefühl, abgeschoben zu werden, nicht willkommen zu sein, wieder ein uraltes Gefühl.

Die Frau des Therapeuten, die ebenfalls Therapeutin war, sollte sich nun meiner annehmen. Einzeltherapie. Das war sicher richtig so. Sie ließ mich einfach Mensch sein, akzeptierte mich, wie ich war: mit Scham und Angst und Schuldgefühlen und der Unfähigkeit, mich zu öffnen, das sollte noch viele Jahre so dauern. Wenig nur konnte ich mitteilen, viel war mir nicht bewusst,

Angst und Scham hinderten mich daran, endlich all das auszusprechen, was mich ängstigte, quälte, belastete. Wie würde sie über mich denken? Würde sie mich ablehnen? Würde sie mich wegschicken?

Die eigentlichen und übelsten Verletzungen blieben vorläufig unausgesprochen. Ich konnte einfach nicht vertrauen. So etwas hatte ich in Familie, Schule, Universität, Seminar und Kirche nie gelernt. Die alten Botschaften saßen ganz tief und beherrschten mich. Die Wirkungen der alten Botschaften waren verheerend. Positiv war immerhin, dass ein Anfang gemacht worden war. Das Tempo der Genesung war vergleichbar dem einer Schnecke. All meine Ungeduld half da gar nichts. Das zu erkennen und vor allem anzunehmen sollte noch lange dauern.

Bald war ich nicht mehr ganz stumm. Meine Gefühle allerdings konnte ich auch weiterhin nicht äußern. Die Zeitbombe tickte weiter. Meine Therapeutin hat mich aufgefangen, ermutigt und getröstet. So war es auch später in der Gruppe der Therapeutin, als ich in diese aufgenommen wurde. Die Atmosphäre in ihrer Gruppe war übrigens recht angenehm.

Erstaunlich, dass ich meine Arbeit fortsetzten konnte, ganz bestimmt bald mit noch viel mehr Verständnis und Herz. Meine Umgebung bekam nicht mit, was alles in mir tobte, raste und rumorte. Das Kortison konnte ein wenig abgebaut werden. Ich erhielt es nun in Form von Salben, immer noch zu hoch dosiert, das konnte so auf Dauer nicht gut gehen. In den Nächten kam ich glücklicherweise immer mehr ohne Valium 10 aus.

Ungeduldig wie ich war, wechselte ich für eine kurze Zeit zu einer anderen Therapeutin, ein schwarzes Schaf unter den Therapeuten, wie ich sehr schnell feststellen musste. Sie versprach viel. Ich würde sehr schnell gesund werden und von allen Medikamenten loskommen, sagte sie und ich war allzu gerne bereit, es ihr zu glauben. Als das nicht eintrat, ließ sie mich einfach fallen und schickte mich weg. Das erlebte ich wie einen Weltuntergang.

Zum Glück konnte ich zu der früheren Therapeutin zurückkehren. Sie nahm mich wieder in ihre Gruppe auf, ihr gilt dafür mein großer Dank! Die Nächte waren immer noch unerträglich, ich wusste mir oft kaum noch zu helfen. Etwas Wesentliches fehlte mir, so spürte ich es deutlich. Menschliche Nähe und Wärme: Danach schrie meine Seele schon von Kindheit an, nur so konnte meine vereiste Seele auftauen. Das freilich konnten Therapeutin und Gruppenmitglieder mir nicht geben – die Therapeutin steckte selber in einer tiefen Krise.

Dennoch bin ich ihr dankbar. Hätte sie mich nicht aufgefangen, wer weiß, was passiert wäre ... Die angenehme Atmosphäre in Gemeinde, in Grundschule und Gymnasium tat ein Übriges, trotz allem über die Runden zu kommen. Da gab es viele Menschen, die mich mochten, die aber um meine Not nicht wussten. Ohne sie kann ich mir ebenfalls nicht vorstellen, am Leben geblieben zu sein.

Mit einigen Priestern wurde der Kontakt nun schwierig. Ich war dabei, mich zu verändern, und das war für sie ein Problem. Eugen Drewermann und Psychotherapie und Psychologie waren für einige Priester stets ein Reizwort. Dabei hat Drewermann mit seiner Arbeit nur eins im Sinn: das Heil der Menschen!

1983 – 1988: Zeit der Veränderungen

Der Pfarrer in Hoengen hatte ein Kind im Pfarrhaus gehabt. Ich hatte nie vergessen, welch guten Eindruck das auf mich gemacht hatte, und so wuchs auch in mir der Wunsch, ein Kind bei mir aufzunehmen und ihm ein Vater zu sein. Dieser Wunsch wurde, nachdem ich ihn einmal zugelassen hatte, stark und stärker. Dies ist dein Weg, spürte, fühlte, dachte ich ... Mit den beiden Schwestern, die mir den Haushalt führten, war das nicht möglich. Ihr Kopfschütteln dazu musste ich akzeptieren – ihr Nein war ihr gutes Recht.

Die Veränderung, die so nach elf Jahren anstand, war bitter für sie, ich wollte ihnen natürlich nicht weh tun, aber wenn man seinen Weg geht, gehen will, gehen muss, lässt sich Schmerz und Enttäuschung nicht immer vermeiden.

Wie immer regierte mich zunächst die Angst: Wie ließ sich dieser Wunsch überhaupt in die Tat umsetzen? Wie würde die Gemeinde reagieren? Wie würden sich Lehrerinnen und Lehrer und Schülerinnen und Schüler verhalten? Die Angst war groß. Aber ich kämpfte dagegen an: Sie hatte mich schon viel zu lange blockiert.

Über eine Verwandte erfuhr ich von einer Mutter mit einem kleinen Jungen, der gerade ein Jahr alt war. Die Mutter war Kindergartenleiterin gewesen und hatte wegen ihres Kindes ihre Arbeitsstelle aufgeben müssen, was der dortige Kirchenvorstand und vor allem der Pfarrer sehr begrüßt hatten: Ein kirchlicher Kindergarten und eine ledige Frau mit einem Kind – das durfte nicht sein! (In der offiziellen Kirche gibt es bis heute ein Nein gegen jede Abtreibung – sagt eine ledige Mutter aber Ja zu ihrem Kind, dann ist sie kein Vorbild mehr und auf der kirchlichen Arbeitsstelle nicht mehr erwünscht.) Wenn eine Mutter Ja sagt zu ihrem Kind – gleich in welcher Lebenssituation sie sich befindet –, kann ich nur sagen: Respekt, gleich ob ehelich oder nicht ehelich. Wir müssen stets Verständnis für die Nöte der Mütter haben, die allein erziehend eine große Verantwortung für ihre Kinder tragen.

Ich lernte Mutter und Sohn kennen. Für mich war die Frage besonders wichtig: Kann ich dem kleinen Jungen von ganzem Herzen ein guter Vater sein? Vom ersten Augenblick an spürte ich: Ja – ich kann ihn ganz annehmen und lieben und ihm ein guter Vater sein. Dennoch: Wir haben uns diese Entscheidung nicht leicht gemacht.

Aber schließlich war es so weit: Am 19. März 1983 sind Mutter und Sohn bei mir einzogen. Der kleine Junge nannte mich von Anfang an »Papa«, und das war schön für uns beide. Im Pfarrhaus wohnten nun eine Mutter mit Kind und ein Pfarrer in einer Gemeinschaft.

Wir waren uns bald einig, ein zweites Kind aufzunehmen. Vom Jugendamt und vom Generalvikariat bekamen wir die Genehmigung und hatten Glück. 1984 kam ein kleines Mädchen dazu, gerade ein Jahr alt. Vom ersten Augenblick an hatte ich auch ihr gegenüber väterliche Gefühle. Auch sie konnte ich mit meinem ganzen Herzen annehmen und lieben. Ich fühlte mich als Vater, und bald schon nannte auch sie mich »Papa«, und das war gut so.

Ein Leben in Gemeinschaft mit zwei wunderbaren Kindern war für mich ein Geschenk des Himmels, und ich war dankbar und glücklich. Mit zwei kleinen Kindern leben bedeutete natürlich eine Umstellung für mich. Weil ich aber meine Kinder liebte, gelang mir das schnell. Der Mutter der beiden Kinder verdanke ich dabei viel. Die Kinder holten sich die Liebe, die sie brauchten, da wuchs Vertrauen, sie setzten mir Grenzen, jetzt ist es genug – wie ich es aus meinem Elternhaus nicht kannte.

Für die Gemeinde war die neue Situation im Pfarrhaus am Anfang nicht einfach. Bald aber erfuhr ich viel Verständnis. Von allen Gremien der Gemeinde, von der Gemeinde selbst, vom Kollegium beider Schulen, von Kindern und Jugendlichen. Niemals haben Jugendliche des Gymnasiums eine indiskrete Frage gestellt. Ihnen allen bin ich zu Dank verpflichtet – alle diese Menschen haben mir auf dem schier unendlich weiten Weg der Genesung geholfen. Unterstützung, Trost, Ermutigung, liebevolle Hilfe und Verständnis

113

fand ich vor allem auch bei dem leider viel zu früh verstorbenen Bischof Klaus Hemmerle – davon mehr in einem eigenen Kapitel.

Im Pfarrhaus war nun jemand da für Kinder und Haushalt und für die Sorgen und Nöte der Gemeindemitglieder und vieles mehr. Meine Entscheidung habe ich nie bereut, im Gegenteil: Ich bekam viel mehr Verständnis für Probleme in Ehe und Familie und konnte so ein Stück weiter wachsen.

Dennoch brauchte ich weiterhin Kortisonsalbe in großen Mengen für meine kranke Haut. Ich spürte, dass es nun für eine weitere Therapie eine gute Basis gab: zu Hause, bei Freunden, in Gemeinde, Dekanat und Schule. Denn immer noch tickte die Zeitbombe in meiner Seele. Es stand noch ein sehr weiter Weg der Therapie vor mir, das war mir ganz klar, nur um das »Wie« der Therapie wusste ich noch nicht. Meine Therapeutin wurde krank, ich wechselte zu einer anderen Therapeutin, aber das war nicht der richtige Weg für mich, wie ich bald spüren sollte.

1988: In der psychosomatischen Klinik in Herrenalb

Es gab ein Erlebnis im Krankenhaus, das mich stark bewegte. Da lag ein Mann in seinem Bett. Seine Haut sah entsetzlich aus, war an vielen Stellen aufgesprungen – irreparabel. Viele Jahre war er mit hochdosiertem Kortison behandelt worden. Er hatte keine Überlebenschance mehr, und er starb bald danach. Dieser Mann verstärkte meine Angst wieder: Sollte ich auch bald so sterben müssen?

Ich nahm zwar kein Kortison mehr in Form von Spritzen und Tabletten, aber doch viel zu viel Korstisonsalbe für den ganzen Körper, um die juckende und schmerzende Haut einigermaßen ertragen zu können. Ich reduzierte die Kortisonsalbe drastisch, weil ich zu meinem Erschrecken feststellen musste, dass das geringfügigste Anstoßen zu blauen Flecken führte, eine Vorstufe dazu, dass auch meine Haut aufplatzen und das Ende meines irdischen Lebens da sein würde. Obwohl ich meinen Dienst weiter versah, ging es mir schlechter und schlechter, und die Nächte wurden wieder zu einer einzigen Hölle. An Schlaf war nicht mehr zu denken.

Per Zufall stieß ich auf das Buch »*Von mir aus nennt es Wahnsinn*« von Walter Lechler, die Geschichte einer Frau aus den USA, die in einer Therapie in Herrenalb im Schwarzwald Genesung erfahren hatte. Ich las das Buch in einem durch. In mir wurde die Hoffnung wach, mir könnte die Klinik in Herrenalb auch helfen, und ich käme geheilt nach Hause ...

Die Formalitäten mit der Krankenkasse waren schnell geregelt. Ich schrieb einen langen Brief an den Chefarzt Walter Lechler und wurde umgehend aufgenommen. So machte ich mich, mit vielen Ängsten im Gepäck, auf den Weg nach Herrenalb. Der Dreiborner Küster fuhr mich mit dem Auto dorthin.

Die Klinik in Herrenalb war für mich eine völlig fremde Welt, und die Art und Weise wie liebevoll die Menschen dort miteinander umgingen, verstand ich überhaupt nicht. Zunächst gab es eine dreiwöchige Kontaktsperre nach Hause. Das war im Prinzip wohl gut, für die Kinder jedoch zu rigoros und nicht nachvollziehbar. Ich reagierte mit Selbstvorwürfen und schlechtem Gewissen.

Trotz des freundlichen Umgangs waren die ersten Wochen in der Klinik eine Katastrophe. Das Absetzen von Kortison versetzte mich in einen Entzug, der viel schlimmer als Alkoholentzug ist. Das hatte ich nicht gewusst. Schlafen war unmöglich. In den Nächten wanderte ich im Haus herum und konnte nur wenige Minuten pro Nacht liegen, vierzehn Tage lang. Erstaunlich war, dass ich mich am Tag am Programm der Klinik beteiligen konnte.

Ich hatte immer wieder das Gefühl, irrsinnig zu werden, durchzudrehen. Aber: Die Kontrolle einfach einmal ganz aufgeben konnte ich trotzdem nicht. In mir war eine gewaltige Energie, ohne die ich nicht überlebt hätte. Mein Therapeut ermutigte mich mit den Worten: »Auch für dich gibt es das andere, rettende Ufer!« Diese Worte haben sich in mir ein für allemal eingeprägt, und ich sagte sie mir immer wieder, wenn Hoffnungslosigkeit und Verzweiflung sich ausbreiteten.

Hatte ich auf schnelle Genesung in der Klinik gehofft (auch beeinflusst durch das Buch von Walter Lechler), so musste ich bald feststellen, dass noch ein langer, langer Weg vor mir lag. Das anzunehmen fiel mir wieder einmal schwer.

In der Klinik gab es viel Nähe, auch ausgedrückt durch Umarmungen. So bestand die Möglichkeit, zu jeder Zeit aufgefangen zu werden und Zuwendung zu empfangen, ich aber traute mich viel zu wenig: Das bin ich nicht wert, sagte es in mir, und ich hörte darauf ...

Es gab eine Informationsveranstaltung mit dem Thema »Bonding«. Der Therapeut erläuterte, jeder Mensch habe das angeborene Grundbedürfnis nach menschlicher Nähe und Wärme. Hier in der Klinik, so sagte er, habt ihr die Möglichkeit, euch diese Nähe zu nehmen. Für mich war das befremdlich. Körperliche Nähe vor allem zu Männern empfand ich als bedrohlich. So blieb mir gar nichts anderes übrig, als zu allen Männern auf Distanz zu gehen.

Richtig begreifen konnte ich das damals noch nicht. Heute sehe ich schon Zusammenhänge: Männer waren in meiner Geschichte zum Teil lebensbedrohlich. Nähe zu Frauen, für mich als Priester doch ganz und gar unmöglich, ging auch nicht ...

Von meinem Therapeuten bekam ich die Auflage, mir täglich wenigsten fünf Umarmungen zu holen, auch auf die Gefahr hin, eine Ablehnung zu bekommen. Mich nicht darauf einzulassen hätte die Abreise zur Folge gehabt. Die Auflage war richtig, um neue Weisen des Umgangs zu erfahren – unbedingt erforderlich für eine mögliche Genesung. Behutsam und so kurz wie möglich habe ich es getan. Meine Schwierigkeit bestand auch darin, was wohl die Leute zu Hause sagen könnten, dass ich mir Umarmungen holte. Ich hatte aber gar keine andere Wahl, ging es mir doch schlecht und war dringend auf Nähe und Verständnis angewiesen! Wie sollte sonst all das heilen, was in mir verwundet war?

Nur die Liebe heilt Menschen! Bei so viel Nähe war es natürlich klar, dass Sexualität auf keinen Fall gelebt werden durfte. Hätte es jemand doch getan, hätte er augenblicklich seine Koffer packen und die Klinik verlassen müssen. Das war für mich ganz besonders wichtig. Immer noch fühlte ich mich als Folge sexueller Gewalt in meinem Leben schmutzig und schuldig. Der Oberarzt sagte zu mir, ich gleiche einer ausgequetschten Zitrone. Das war die Wahrheit, hatte ich doch liebevolle Nähe in Kindheit und Jugend nicht erfahren, ja, wusste nicht einmal davon, dass so etwas für mich möglich sein könnte.

Sehr befremdlich war auch die sogenannte »Badewanne« im Informationsraum. Viele lagen ganz nah beieinander, umgeben von anderen Menschen, die auf Stühlen saßen. Das machte mir noch mehr Angst. Das würden die Leute zu Hause noch weniger begreifen – und doch glaube ich heute, dass es genauso richtig war. Hier waren ja nur Menschen mit schlimmsten traumatischen Erfahrungen. Und lag nicht auch Johannes an der Seite Jesu, wie der Evangelist uns berichtet? Warum also die Berührungsängste bei Christen, ist doch das Christentum, wie immer gesagt wird, eine Religion der Liebe! Natürlich muss Nähe stimmig sein, und das Sich-Abgrenzen ist genauso wichtig und notwendig. Darf ein Priester lieben und geliebt werden, fragen sicher viele Menschen. Gefährdet die Liebe nicht die Berufung eines Priesters?

Die sogenannte »Casriel-Therapie« mit noch viel mehr und lange andauernder Nähe erlebte ich wie einen Albtraum. Nur wenn ein Mensch liebevoll gehalten wird, kann er sich der Wahrheit seines Lebens stellen, lautet die zutreffende Begründung der Casriel-Therapie. Für mich kam diese Form der Therapie viel zu früh und löste Panikattacken aus und das Gefühl zu ersticken. »Schrei alles heraus, was in dir ist!«, wurde ich aufgefordert.

Ich versuchte es, geholfen hat es nicht, die Zeit war einfach noch nicht reif dazu. Solche Nähe war zu bedrohlich für mich, und so sollte es noch lange dauern, bis ich mich wenigstens einigen wenigen Menschen gegenüber auf eine stimmige Nähe einlassen konnte, um mich fallen zu lassen und diese ewige Kontrolle aufzugeben und Nähe als etwas Angenehmes zu empfinden.

Es gab auch Konfrontation in der Klinik, natürlich, und sie gehörte unverzichtbar zum Programm. Verkehrte Sichtweisen und verkehrtes Verhalten führten unweigerlich zur Konfrontation – ein Entrinnen gab es nicht. Vor der Konfrontation hatte ich Angst, und doch war sie sehr hilfreich und eine Chance für jeden in der Klinik. Alles Schädliche sollte so erkannt und überwunden werden.

Gleich zu Beginn der Therapie begegnete ich einem Priester. Er kam auf mich zu und nahm mich einfach in den Arm, ohne mich zu fragen, ob ich damit einverstanden sei. Ich erstarrte gleichsam, als er das tat. Eine schlimme Grenzüberschreitung – so empfand ich das. Ich musste ihm von da an aus dem Weg gehen, und ich tat es auch, allerdings mit einem schlechten Gewissen. Nähe zu einem Priester war für mich ganz und gar ausgeschlossen. Zu schlimm waren die Erfahrungen, die ich mit Priestern gemacht hatte. Einmal schrie jener Priester in einer Gruppensitzung so laut er konnte: »Was bin ich ohne das unauslöschliche Merkmal meiner Priesterweihe? Ein Nichts!« Ihn so schreien zu hören, war für mich kaum auszuhalten. Was hatte die Kirche aus ihm gemacht? Ich fühlte mich im Gegensatz zu jenem Priester allerdings wie ein Mensch wie alle anderen auch, und dafür war und bin ich sehr dankbar.

Die eigentlichen Themen meines Lebens konnte ich immer noch nicht ansprechen. Vorsichtig versuchte ich, den Missbrauch im Alter von zehn Jahren anzudeuten. Das hätte ich besser nicht getan. Die Reaktion des Therapeuten war sinngemäß die: »Du hast ja auch deinen Spaß gehabt!« Die Folgen dieser Aussage waren verheerend. Ich schloss für weitere Jahre das Trauma der erlittenen sexuellen Gewalt noch tiefer ein und schämte mich noch mehr dafür und wagte nicht mehr, darüber zu sprechen. Später hat der Therapeut sich bei mir entschuldigt – ich konnte seine Entschuldigung annehmen, auch wenn es mir sehr schwer fiel.

Ich wurde auch mit meinen magersüchtigen Tendenzen konfrontiert. Da ich nicht zunahm, bekam ich zur Auflage, ich solle Tag und Nacht auf meinem Zimmer bleiben, bis ich 60 Kilogramm wiege. Alles wehrte sich in mir. 60 Kilogramm ist viel zu viel für mich! Die Zeit auf dem Zimmer war eine einzige Qual. Ich war ausgeschlossen von der Therapie, und dieses Gefühl kannte ich allzu gut – ausgeschlossen sein vom Leben. Nein – so schreit alles heute noch in mir, so eingesperrt zu sein war nicht gut! Ich aß und aß, ohne jeden Appetit, alles wehrte sich in mir dagegen, und so wog ich nach einer Woche tatsächlich 60 Kilogramm – aber innerlich konnte ich dieses Gewicht überhaupt nicht akzeptieren. Ich fühlte mich hässlich und viel zu dick. Bald nach der Klinik sollte die Magersucht voll ausbrechen, die (von mir unerkannt und geleugnet) latent schon immer da gewesen war.

Ganz wichtig waren für mich die Selbsthilfegruppen in der Klinik mit ihrem spirituellen Programm. Verstanden habe ich das zunächst nicht. Menschliche Liebe und ein bedingungslos liebender Gott, so hieß es in dem sogenannten »Zwölf-Schritte-Programm« oder auch »Höhere Macht«, wie man in den Meetings sagte, so könnte der Mensch allmählich Genesung finden, wenn er sich auf dieses Programm einließe. Verstanden habe ich das alles zunächst nicht. Ich sollte in eine Selbsthilfegruppe gehen und das auch noch zu Hause. Nein habe ich gesagt, das brauche ich nicht – das ist nur etwas für Alkoholiker! Ein Alkoholiker schrie mich daraufhin an, ich sei total überheblich, es gehe mir noch nicht schlecht genug, erst wenn ich meinen absoluten Tiefpunkt erreicht hätte, würde ich anders denken. Er hatte ja recht! Zum Glück ließ ich mich auf die Selbsthilfegruppe in der Klinik ein und verstand das Programm immer besser. Es war mir bald klar, dass ich mich zu Hause an einer Selbsthilfegruppe beteiligen würde.

Es war für mich wohltuend, dass in Klinik und Selbsthilfegruppe nicht mehr von einem ständig mit Strafe und Hölle drohenden Gott die Rede war. Allerdings brauchte meine Seele noch sehr viel Zeit, Existenzängste und Höllenängste zu überwinden, zu tief war das alles eingegraben durch die unselige

118

Lehre der Kirche. In der Therapie durfte ich sprechen – ich musste es nicht –, nur leider konnte ich es noch kaum, zu groß waren Angst, Scham und Misstrauen. Es sollte noch sehr lange dauern, bis ich wirklich vertrauen und mich öffnen konnte.

Ganz wichtig in Herrenalb waren »Walters Bibelstunden«. Viele Menschen, auch von außerhalb der Klinik, kamen nur, um »Walters Bibelstunden« zu hören. Da erfuhr ich die Texte der Bibel als wahrhaftig befreiende und frohmachende Botschaften. In meiner Seele begann sich einiges zu verändern. Drewermann sollte mir in dieser Richtung weiter eine große Hilfe sein. Ich begann, die Bibel besser zu begreifen, und fühlte mich darin auch sicherer.

Gesund kam ich nicht nach Hause zurück nach elf Wochen Klinikaufenthalt. Aber immerhin hatte ich viele gute Impulse erhalten, die mich auf dem weiten Weg der Genesung weiter bringen sollten ...

Die Zeit nach Herrenalb

Das Leben zu Hause, in der Gemeinde und über die Grenzen der Gemeinde hinaus ging weiter – in mancherlei Hinsicht besser als vorher. Die neuen religiösen Impulse aus der Klinik kamen den Menschen zugute, mit denen ich täglich zu tun hatte. Es gelang mir besser, Menschen auf einem dornigen und schmerzlichen Weg zu begleiten. Dankbar bin ich all den Menschen, denen ich begegnen durfte und die sich mir öffneten.

Schwerpunkt der Seelsorge war für mich immer mehr, Wegbegleiter von Menschen zu sein, die mich baten, sie ein Stück ihres Weges zu begleiten. Vor allem hatte ich in der Klinik gelernt, auf die sogenannten »guten Ratschläge« zu verzichten, sind *Ratschläge* doch, so gut sie gemeint sein mögen, oft auch *Schläge* für den Menschen. Es gelang mir immer mehr, Menschen so zu sehen, wie sie wirklich sind, und Menschen so zu lassen, wie sie sind – ohne moralische Bewertung oder gar Verurteilung. Es war für mich kein Problem mehr, Kranken die Hand zu halten oder meine Hand auf die Schulter eines Kranken zu legen. Berührungsängste, vor allem Kranken gegenüber, hatte ich nicht mehr. Was ich empfangen hatte, konnte ich nun also weitergeben.

Ich war als Priester in einer psychosomatischen Klinik gewesen. Der Austausch mit Amtskollegen war meistens schwierig bis unmöglich. Nur ganz wenige interessierten sich für meinen Weg und meine Erfahrungen in Herrenalb. So war es für mich besser, dieses Thema bei den meisten Kollegen gar nicht erst anzusprechen, eine Erkenntnis, die mich sehr unglücklich machte. Ich schwieg also in der Regel, um mir keine neuen Verletzungen zu holen. Den ganz wenigen Kollegen, für die es ganz natürlich und selbstverständlich war, darüber zu sprechen, bin ich dankbar.

Regelmäßig besuchte ich ein »OA-Meeting« – eine Selbsthilfegruppe für Menschen mit Essproblemen – und fuhr dafür eine Stunde in eine größere Stadt. Dort fühlte ich mich mit meinen Gewichtsproblemen angenommen und verstanden. In der Nähe von Dreiborn gründete ich selber ein Meeting, das bis heute als stabile Gruppe besteht.

In der Selbsthilfegruppe kommen Menschen zusammen, um sich gegenseitig zu ermutigen, zu stützen und gemeinsam einen Weg der Genesung zu gehen. Da gibt es Offenheit, ohne dass jemand zum Sprechen gedrängt wird. Da kann allmählich Vertrauen wachsen. Da sind Menschen, die die Problematik der anderen aus eigener Erfahrung kennen. In solchen Gruppen wächst Freundschaft, und auch der Glaube an einen bedingungslos liebenden Gott kann dort wachsen. Zu jeder Zeit ist wenigstens ein Gruppenmitglied telefonisch erreichbar. Ich habe in den Meetings mutige und prächtige Menschen kennen und schätzen lernen dürfen. Man kann ganz sicher sein, dass alles im Raum bleibt, was dort ausgesprochen wird. Die Anonymität eines jeden ist gewährleistet. Oft sind nur die Vornamen bekannt.

1990 durfte ich mein silbernes Dienstjubiläum feiern. Es war ein schönes Fest, vorbereitet und gestaltet von Pfarrgemeinderat, Kirchenvorstand und Ortsvereinen, mit Beteiligung der Gemeinde, meiner Familie und vielen lieben Gästen. Ich war sehr dankbar – meiner Familie und allen, die mit mir feierten. Als Geschenk bekam ich eine Figur des Heiligen Georg für die Pfarrkirche.

Mit einem Minimum an Kortisonsalbe und Kortison in Form von Spray kam ich ganz gut zurecht, niedrig dosiert und darum nicht gefährlich, es lag unterhalb der Toleranzgrenze. Meine Haut quälte mich viel weniger und mit dem Asthma war es erträglich. Die Nächte waren immer noch schwierig und der Schlaf viel zu kurz. Meine Arbeit machte mir viel Freude.

Obwohl ich regelmäßig zu Meetings ging, vor allem ins OA-Meeting nach Aachen, nahm ich immer mehr ab, bis ich nur noch 47 kg wog. Das konnte nicht mehr lange gut gehen ... Ich verschloss mich innerlich total, um die eigentlichen Themen zu verdecken, die anstanden. Sexuelle Gewalt und religiöser Missbrauch waren ja noch immer vergraben! Die Zeitbombe tickte unablässig.

Schließlich entschied ich mich für die Hochgrat-Klinik im Oberallgäu. Und wieder war da eine riesige Angst, was denn die Menschen dazu sagen würden und wie sie über mich dächten. Wie auch sollten sie verstehen, dass bei so vielen schlimmen traumatischen Erfahrungen, von denen sie ja nichts wussten, der Weg so weit sein sollte. Als gar nichts mehr ging, war ich also in der Lage, mich sehr schnell für einen Klinikaufenthalt zu entscheiden. Ein weiters Warten hätte eine weitere stetige Abnahme meines Körpergewichts bedeutet. Die Formalitäten mit der Krankenkasse waren wieder schnell erledigt – dafür war ich dankbar. In der Hochgrat-Klinik in Wolfsried nahm man mich schnell auf.

1991 – Hochgrat-Klinik Wolfsried

Als ich zur Hochgrat-Klinik nach Wolfsried fuhr, überkam mich das überwältigende Gefühl, nicht mehr lebend nach Hause zu kommen. Ich begriff diese Angst nicht, es muss eine Angst aus alten Zeiten gewesen sein, die sich aufdrängte. Ich litt unter Heimweh, und zugleich war mir klar, dass ich keine andere Wahl hatte, als mich auf eine neue Therapie einzulassen. Die Bedingungen für den Klinikaufenthalt und das Programm der Klinik waren ähnlich, wie ich es schon von Herrenalb her kannte.

In den ersten drei Wochen stand ein Kontaktfasten an – in dieser Zeit war das Heimweh unerträglich. Einmal durfte ich doch mit meiner Tochter telefonieren, als sie Geburtstag hatte. Die Fastenregeln waren die gleichen wie in Herrenalb, ich bekam sie diesmal bewusster mit: kein Rauchen, kein Alkohol, drei Mahlzeiten am Tag und nichts zwischendurch essen (für Menschen mit Essproblemen galt das nicht nur drei Wochen, sondern zwölf Wochen), kein Radio, kein Fernsehen, keine Zeitung und keine Zeitschriften.

Das Programm ging von morgens früh bis abends spät. Es begann jeweils mit einer Meditation, mit gymnastischen Übungen und einer Wanderung, bei der jeder die Hand eines anderen hielt. Es gab kein Ausweichen vor den Fragen: Wer bin ich? Wo stehe ich? Wie geht das: Leben? Wie kann man glauben und vertrauen? Wie sind Beziehungen möglich?

Es war eine Lebensschule auf Krankenschein.

Es ging um die Bewältigung von traumatischen Erlebnissen bis in die früheste Kindheit, um so die bedrückenden Ereignisse der Vergangenheit loszulassen bzw. Gott zu überlassen und mehr und mehr im Heute zu leben. Wie schon in Herrenalb bekam ich auch in Wolfsried einen Mann als Therapeuten. Das war nicht günstig für mich, wie ich sofort spürte. Ich hätte mich auch dagegen wehren können, aber ich traute mich nicht. Ich war nicht in der Lage, mich meinem Therapeuten gegenüber weit genug zu öffnen. Das lag weitgehend an mir selber. Mit dem Konzept der Klinik hatte ich mich weitgehend auseinander gesetzt. So waren die Bedingungen günstiger als bei meinem Aufenthalt in Herrenalb drei Jahre zuvor.

Dennoch – auf die entscheidenden Themen konnte ich mich immer noch nicht einlassen. Nur andeuten konnte ich die traumatischen Erlebnisse meiner Geschichte, zu groß waren immer noch Angst, Scham und Schuldgefühle. Die Traumata meiner frühesten Kindheit waren mir nur zum Teil bewusst – was den Einfluss meines Vaters auf mein Leben anging, so lag alles nach wie vor völlig im Dunkeln.

Es gab in der Hochgrat-Klinik eine behutsame Konfrontation mit »krankem« Denken, Fühlen und Handeln, aber auch viel Verständnis und ein liebevolles Aufgefangen-Werden. Die harte Konfrontation hatte bei mir immer noch eine gegenteilige Wirkung: Ich verschloss mich (unbewusst) total – und das ist heute noch so.

Ich kam in die sogenannte »Essstruktur«, was für mich besonders wichtig war. Drei Mahlzeiten am Tag, in der Menge genau vorgeschrieben, über zwölf Wochen, um es zu verinnerlichen, und dann mussten alle, die in der Essstruktur waren, vor der Mahlzeit die Essensportion einem sogenannten »Sponsor« zeigen, um so allmählich zu einem normalen Essverhalten zu kommen. Auf mein Hungergefühl konnte ich mich überhaupt nicht verlassen. Ich hatte das Gefühl, das Essen sei genauso schwierig wie in meiner Kindheit. Ich brauchte viel Zeit bei den Mahlzeiten. Manchmal hatte ich das Gefühl: Diese Menge schaffe ich einfach nicht! Genießen konnte ich das Essen zunächst nicht.

Zum Glück gab es auch Essen für Vegetarier, es war und ist mir unmöglich Fleisch zu essen. Ich war in der Essstruktur nicht der einzige Vegetarier. Eine Auflage, wie viel ich zunehmen sollte, gab es nicht, und das war gut so. Eines wollte ich unter keinen Umständen, nämlich weiter abnehmen, sonst hätte ich wieder für längere Zeit im Zimmer verbleiben müssen, und davor hatte ich viel zu viel Angst. Einmal in der Woche wurde ich gewogen, erfuhr aber die Höhe meines Gewichtes nicht. Einmal habe ich mich später in einer Apotheke gewogen. Das hernach zuzugeben fiel schwer, und ich schämte mich sehr! Aber ohne Wahrhaftigkeit gibt es keine Genesung ...

Richtig war, dass mein Therapeut von Anfang an erkannte, dass es nur vordergründig ums Essen ging. In erster Linie gehe es für mich um Beziehungen zu Menschen, sagte er, und dafür seien zwölf Wochen eine sehr kurze Zeit, und ich müsse mich darauf einstellen, dass der Weg der Genesung nach der Klinik noch lange dauern würde. Wie recht sollte er damit haben!

Wie man Beziehungen zu Menschen lebt, war Hauptthema während des Klinikaufenthaltes. Das hatte ich in meiner Kindheit nicht gelernt, weder in meiner Familie noch in der Schule noch in der Kirche. Sie alle konnten mir das nicht vermitteln, wie gute und gesunde Beziehungen aussehen und vor allem: wie sie gelebt werden. Als Kind gab es für mich keine Grenzen, die von Erwachsenen nicht überschritten worden wären ...

So ging es in der Therapie um stimmige Nähe und Distanz, um ein klares Ja oder Nein, und so bestand die Aufgabe darin, verantwortlich zu handeln und von niemandem mehr meine Grenzen überschreiten zu lassen. Eine weitere wichtige Aufgabe war, herauszubekommen, wie andere Menschen über mich denken und ob sie wirklich über mich denken, wie ich denke, dass sie über mich denken. Mir Nähe zu holen und Nähe zulassen, das war fast genauso schwierig wie in Herrenalb, es brauchte Zeit, um mir mehr Nähe zu holen. Vor der sogenannten Casriel-Therapie hatte ich panische Angst, die Nähe war einfach nicht zu ertragen in der prekären Lebensphase, in der ich mich befand. Im Gegensatz zu Herrenalb konnte jeder frei entscheiden, ob er da mitmachen wollte oder nicht. Jeder Mensch ist verantwortlich für sein Tun und Lassen: Das zu lernen war eine der wesentlichen Aufgabe. So beteiligte ich mich also nicht an der Casriel-Therapie, und ich erfuhr, dass der Chefarzt damit einverstanden war. Das war für mich eine große Erleichterung.

Mich wirklich ganz auf die Angebote in der Therapie einzulassen ging leider immer noch nicht. Oft zog ich mich in mein Zimmer zurück und entfernte mich so von der therapeutischen Gemeinschaft. Zu einigen hatte ich allerdings gute Kontakte – ein großer Fortschritt gegenüber Herrenalb. Mindestens Zweidrittel der Gäste waren Frauen. (Mit den Männern tat ich mich weiter außerordentlich schwer.) Viele Frauen hatten Essprobleme – Magersüchtige, Esssüchtige und Brechsüchtige –, viele unter ihnen nannten sich auch Inzestüberlebende.

So erfuhr ich viel von dem, was Inzestüberlebenden widerfahren war, und das war erschütternd. Für Frauen als Inzestüberlebende gab es genügend

123

Therapiemöglichkeiten. Für mich als einzigen Mann unter den Männern, dem sexuelle Gewalt widerfahren war und der religiösen Missbrauch erlebt hatte, gab es für dieses Problem nur wenige Möglichkeiten in der Therapie. Sollte ich mich auch als Inzestüberlebenden bezeichnen? Dies ist eine besonders schwierige Frage, da es zu viele weiße Flecken gibt in meiner Geschichte. Wenn Inzest weiter definiert wird als sexuelle Gewalt von Vätern, Verwandten, Lehrern, Priestern und vertrauten Personen, dann bin ich sicher auch Inzestüberlebender.

Die anderen Männer hatten ganz andere Probleme, die mir zu einem erheblichen Teil große Ängste bereiteten. Mit Alkoholikern und vor allem sogenannten Sexsüchtigen konnte ich überhaupt nicht umgehen. War einer sexsüchtig, dann spürte ich das schnell und ging auf Distanz. ·

Ich konnte nur ein ganz klein wenig von dem andeuten, was mir widerfahren war, viel zu wenig, um mir eine echte Chance auf Genesung zu ermöglichen. Scham und Angst waren zu groß, hemmten immer noch und hinderten mich daran, mich zu öffnen. Vor einem Mann als Therapeuten war das ganz und gar unmöglich. Die Zeit, über sexuelle Gewalt und religiösen Missbrauch zu sprechen, war noch nicht da.

Wohl kam in der Klinik all das hoch, was ich als Jugendlicher im Internat in Oberbayern erlitten hatte und wie ich gerade noch überlebt hatte. Ich wollte unter allen Umständen in jenes Kloster fahren und vor allem diese beiden Patres mit dem konfrontieren, was sie mir damals angetan hatten. Man äußerte größte Bedenken, das sei leidenssüchtig, die Patres würden mich sowieso nicht verstehen, bestimmt würden sie alles leugnen, ich würde mir nur neue Verletzungen holen ... Die Kirche mit krassen Fehlverhalten in der Erwartung zu konfrontieren, Einsicht und Reue und Entschuldigung zu erfahren, sei ein hoffnungsloses Unterfangen ...

Das war für mich eine schockierende Erkenntnis. Es wurde doch in der Kirche so viel von Bekehrung, Erneuerung, Spiritualität und Heil gesprochen. Sollten das bei vielen etwa bloß leere Worte sein? Hatten sich viele in der offiziellen Kirche von Jesus von Nazareth entfernt, obwohl sie doch ständig von ihm sprachen? Wie sollte ich mich entscheiden? Diese Frage riss mich viele Tage hin und her.

Ich fuhr schließlich zwar zu jenem Kloster, wo ich mit ganz viel Glück überlebt hatte (oder war es Gnade gewesen?), ging den Patres aber aus dem Weg. Ich fuhr nicht allein dorthin, denn dafür ging es mir zu schlecht. Die

Erinnerungen kamen hoch, und ich konnte sie kaum aushalten. Noch schwerer war es, einzusehen, dass es keinen Sinn hatte in meinem angegriffenen Zustand, die Patres mit ihrem damaligen Verhalten zu konfrontieren. Zum Glück waren liebe Menschen bei mir, das hat mir sehr geholfen.

Es blieb mir nicht verborgen, dass ich nicht der einzige in der Klinik war, der unter heftigen Schamgefühlen und Schuldgefühlen litt und sich häufig regelrecht »schmutzig« vorkam. Das war das Schicksal aller Inzestüberlebenden und derer, die auf irgendeine Weise sexuelle Gewalt überlebt hatten. Erschwerend kam für mich hinzu, dass einige Priester, denen ich in Kindheit und Jugend ausgeliefert war, die schädlichen Folgen der sexuellen Gewalt um ein Vielfaches verschärft hatten.

Zum ersten Mal kam in mir die Ahnung auf, dass all das, was mir in der Beichte widerfahren war, latente sexuelle Gewalt gewesen war. Es wurde Gewalt ausgeübt, indem ich über Dinge sprechen musste, über die ich absolut nicht reden wollte und konnte, es aber unter allen Umständen trotzdem musste, ja, mancher Priester konnte gar nicht anders, als auf Grund seiner eigenen unterdrückten Sexualität derart in der Beichte zu verfahren. Bewusst oder unbewusst hat er derlei Dinge gerne in der Beichte gehört. Wer wie der Priester gleichsam gezwungen wird, die jedem Menschen angeborene, innewohnende Sexualität fortan aus seiner Existenz zu tilgen, und es trotz seines Willens dazu nicht schafft, dem bleibt in seiner Verzweiflung nichts anderes, als sich auf diese unsaubere Art und Weise eine Ersatzbefriedigung zu verschaffen. Die Erkenntnis ist bitter, dass Beichtkind und Priester auf diese vertrackte Weise in einem Boot sitzen, Opfer derselben unsinnigen Vorschriften sind, deren Ursprung ich in der Heiligen Schrift nirgends zu finden vermag. Jesus hat mit Geschlechtlichkeit diese Probleme nicht gehabt, und es ist nicht nachvollziehbar, dass Gottessohn und Menschensohn die Ganzheit des Menschen auf diese unselige Art zerstückeln wollte ...

Wie viele Opfer dieser Form von sexueller Gewalt in der Beichte gab es wohl vor allem in der Kirche vor dem Zweiten Vatikanischen Konzil? Diese Frage drängte sich mir immer mehr auf – vor allem wie viel sexuelle Gewalt gab es Kindern und Frauen gegenüber? Und wie weit ging bei einigen Priestern die sexuelle Gewalt in der Beichte? Ich sollte darüber noch viel hören.

Ich erfuhr, wie sich unschuldige Opfer so schuldig fühlten, als seien sie die Täter gewesen. Wer aber waren die Täter und wer waren die Opfer? Kinder können nur Opfer sein – die Täter sind immer die Erwachsenen (die obige Einschränkung, dass auch sie auf ihre Weise Opfer sind, nicht außer Acht lassend)!

Obwohl ich mit dem Problem sexueller Gewalt auf erschütternde Weise konfrontiert wurde, konnte ich von mir kaum etwas sagen. Wie unendlich schwer ist es für Opfer, über erlittene sexuelle Gewalt zu sprechen, und wie unendlich lange dauert es, bis sie endlich dazu in der Lage sind? Ich habe es am eigenen Leib erfahren müssen! Und wie viele Klinikaufenthalte sind dazu notwendig? Ich war nicht der einzige, der diese Probleme hatte. Das tröstete mich und machte mir Mut. Alle brauchten sie mehrere Klinikaufenthalte, nicht nur ich ...

Ganz am Ende meiner Therapie wurde ein Film über Inzest gezeigt. In dem Film klebte eine Frau Pflaster über alle Körperöffnungen einer Puppe. Dieses Bild brachte mich dazu, dass ich völlig die Kontrolle verlor. Erschwerend kam hinzu, dass ein katholischer Priester dabei war, der sich äußerte, das alles sei doch nicht so schlimm. Warum denn die ganze Aufregung? Jetzt verloren viele die Kontrolle. Schreikrämpfe von Inzestüberlebenden, Tränen der Wut und des Schmerzes, Aggressionen gegen den katholischen Priester – das alles waren die Folgen jener törichten Aussage.

Mein Körper spielte völlig verrückt. Ich bekam den wohl schwersten Anfall von Hyperventilieren und zitterte am ganzen Körper. Ein Therapeut – ein Mann – ging mit mir hinaus in einen anderen Raum. Dort nahm er mich in den Arm, und etwas kam in mir hoch, ein massives Gefühl, ich konnte nur noch schreien, ganz kurz allerdings bloß, dann war diese Reaktion vorbei – wie abgeschnitten.

Die Nähe zu diesem männlichen Therapeuten konnte ich nicht ertragen. Wäre es eine Therapeutin gewesen, in dieser Situation wäre wohl alles aus mir heraus gebrochen. Wie lange hätte ich geschrien? Und ich hätte angefangen zu erzählen. Aber es war ein Therapeut. Schade. Wieder eine verpasste Gelegenheit. Natürlich hätte ich mich an eine Therapeutin wenden können, doch dazu fehlte mir der Mut ...

Die Männergruppe, in die ich ging, empfand ich als bedrohlich, konnte es aber gerade so aushalten, weil ich den Therapeuten noch aus Herrenalb kannte und ihm ein wenig vertraute. Einmal hatte ich auch ein langes Gespräch unter vier Augen mit ihm, das mir gut tat. Die Sexsüchtigen in der Männergruppe waren für mich kaum zu ertragen. Ich zwang mich, in der

Männergruppe bis zum Ende zu bleiben, was sich später bei einem weiteren Klinikaufenthalt ändern sollte, denn da ging das einfach nicht mehr.

Nach dem Erlebnis des Films über Inzest blieb ich noch einige Tage in einer miserablen Verfassung in der Klinik. Noch heute verstehe ich nicht, wie ich mich einigermaßen ruhig bei der öffentlichen Verabschiedung für die empfangene Hilfe bedanken konnte. In mir schrie alles, aber äußerlich hatte ich wieder die perfekte Kontrolle über mich ... Eigentlich hätte ich um Verlängerung bitten müssen, aber das wollte ich den Menschen zu Hause nicht antun, zu lange war ich ja schon von zu Hause weg: zwölf Wochen ...

Der Pflegedienst machte mich ausdrücklich darauf aufmerksam, es sei besser für mich zu bleiben und um Verlängerung zu bitten, so könnte ich unmöglich nach Hause fahren – aber ich konnte es nicht, ich hätte mich zu schuldig gefühlt.

Eine ganz wichtige Entscheidung fällte ich noch in der Klinik, die mir unendlich schwer fiel. Ich gab ab sofort die Arbeit als Religionslehrer am Gymnasium auf, eine Arbeit, die ich mit Begeisterung zwanzig Jahre lang ausgeübt hatte. Ich musste mir eingestehen, dass ich mir insgesamt zu viel zugemutet hatte. Pfarrgemeinde, Grundschule und Gymnasium sowie die Funktion als Dechant des Dekanats Schleiden, ganz zu schweigen von der alltäglichen seelsorgerischen Begleitung vieler Menschen: Das war einfach zu viel ...

In meinem Zimmer in der Klinik hingen viele schöne Bilder, die mir die Kinder der Grundschule zugeschickt hatten – das hat mich oft getröstet und mir Mut gemacht. Gut für meine Seele waren auch die unzähligen Briefe von zu Hause, von Menschen aus der Gemeinde, von Freunden. Viele Menschen in der Klinik schrieben mir in ein Büchlein liebe Sätze und gaben mir ihre Adresse – auch das war schön für mich.

In einer denkbar schlechten Verfassung (schließlich waren die Verdrängungen nach wie vor nicht aufgearbeitet) fuhr ich nach Hause, spürte zwar deutlich, dass ich ein kleines Stück weiter gekommen war, der Weg der Genesung aber noch sehr lange dauern und ich weiterhin auf viel Hilfe und Liebe angewiesen sein würde.

Bischof Klaus Hemmerle

Bischof Klaus Hemmerle war mein Freund in schwierigen Zeiten. Deshalb ist es wichtig für mich, ihm in meiner Geschichte ein eigenes Kapitel zu widmen. In ihm bin ich einem Menschen begegnet, der stets für mich da war, der sich Zeit nahm, wenn ich ihn brauchte.

Er hat den Begriff »*Weggemeinschaft*« für die Diözese Aachen geprägt. »Weggemeinschaft« war für ihn nicht nur ein Wort, er hat es glaubwürdig mit Leben gefüllt. Er verstand »Weggemeinschaft« im Sinne der Lehre von Jesus von Nazareth. »Weggemeinschaft« war ihm als guter Hirte der Diözese Herzensanliegen: die Weggemeinschaft in den Gemeinden und über die Gemeinden hinaus. Immer wieder sprach er von einem neuen Stil des Miteinanders, und er selber hat es vorgelebt. Nichts lag ihm ferner als die Ausübung von Macht.

Ich lernte Bischof Hemmerle während der Regionaltage der Region Eifel im Kloster Steinfeld kennen. Er hatte die Gabe, den Menschen neue spirituelle Impulse zu geben: Brot für die Seele. In seiner sympathischen Art ging er auf Menschen zu und konnte schnell Kontakte knüpfen. Er strahlte Herzlichkeit aus, so dass man sich in seiner Nähe wohl fühlte. Er gab allen die Möglichkeit, sich offen und ehrlich in allen Fragen von Kirche und Welt zu äußern. Auch die »Unbequemen« konnten sich, ohne Sanktionen befürchten zu müssen, zu Wort melden.

So begegnete er auch mir mit Herzlichkeit. Schon bald sollte eine Freundschaft zwischen Klaus Hemmerle und mir entstehen. Ich schrieb ihm Briefe, in denen ich mich ihm Stück für Stück zu öffnen begann, und er antwortete auf jeden Brief. In regelmäßigen Abständen begegneten wir uns in seiner Wohnung in Aachen. Ich sehe es noch jetzt vor meinem inneren Auge, wie er mit mir die Treppe nach oben in sein großes Arbeitszimmer ging.

Unsere Freundschaft machte es möglich, ihm meine ganze Geschichte zu erzählen, und er glaubte mir. Er war ein aufmerksamer Zuhörer und fand stets ein Wort des Trostes. Er bestätigte mich darin, dass ich mich auf einem guten Wege befände – Gott sähe das sicher auch so. Er hatte alle Fähigkeiten und vor allem das Herz des wahrhaftigen Seelsorgers. Er war mir – wie Jesus den Emmaus-Jüngern – Wegbegleiter und Freund zugleich.

Wir führten weniger theologischen Gespräche, sondern tauschten uns eher in liebevoller Weise aus. Die tiefen Verletzungen meiner Seele durch die Kirche bedrückten ihn. An meiner Therapie nahm er zu jeder Zeit Anteil, auch als ich 1991 in der psychosomatischen Klinik in Wolfsried war. Seine Briefe, die er mir in die Klinik schickte, haben mich ermutigt, diesen steinigen Weg weiter zu gehen und nicht zu resignieren.

Bei einer Anfrage auf einem Regionaltag in Steinfeld sagte er sinngemäß zur Ohrenbeichte: »Das Fundament ist gut, das Gebäude musste zusammenbrechen.«

Unvergessen ist für mich das Jahr 1992. Ich hatte ihn gebeten, zur Visitation und zur Firmung in unser Dekanat zu kommen. Gerne sagte er zu. Firmlinge und Firmhelfer werden es in ihrer Erinnerung bewahren, wie er mit ihnen wanderte, sich unterhielt, auf Fragen einging, ehrliche Antworten gab und schließlich in der Pfarrkirche mit allen einen meditativen Gottesdienst zum Thema »*Steine*« feierte. Alle Firmlinge und Firmhelfer hatten von der Wanderung einen Stein mitgebracht und legten ihn am Altar nieder. Unvergessen sind seine Worte dazu geblieben ... Steine zu werfen, um im Bild zu bleiben, gab es bei ihm nicht! Tief eingeprägt hat sich bei allen Beteiligten auch die Feier der Eucharistie und die Spendung des Sakramentes des Firmung. Das war für ihn keine Routine, das spürten wohl alle Menschen, die zu diesem Fest in die Kirche gekommen waren. Für jeden Firmling fand er abschließend ein gutes Wort.

In der Erinnerung lebendig bleibt auch die Begegnung von Bischof Hemmerle mit den Gremien und Firmhelfern der Gemeinde Dreiborn. Es war eine Atmosphäre des gegenseitigen Respekts. Dabei wurden auch kritische Fragen gestellt. Zur Frage nach dem Priestertum der Frau sagte der Bischof sinngemäß: »Die Frage der Frauen in der Kirche muss ich ganz neu überdenken.« Das zeigte seine Offenheit und Lernfähigkeit.

Mehre Male kam er hier nach Dreiborn ins Pfarrhaus, und wir alle haben uns sehr wohl gefühlt.

Einmal hatte ich bei einem Regionaltag so etwas wie eine Vision. Ich wagte es nicht, sie öffentlich zu äußern. Dem Bischof aber ließ ich meine Vision mitteilen: »In einem Raum steht ein Altar, und um den Altar sitzen zur Feier der Eucharistie ein zölibatärer Priester, ein verheirateter Priester, eine Priesterin, Wiederverheiratete und viele andere Menschen im Kreis vereint – Bischof Klaus Hemmerle aber geht weg.« Es sollte nicht lange dauern, bis ich diese Vision verstand. Sein Weggehen, meine Seele muss es geahnt haben, bedeutete sein viel zu früher Tod.

Bischof Klaus Hemmerle hatte Träume und Visionen, die er als Bischof nicht alle verwirklichen konnte. Wie muss er gelitten haben unter dem Zwiespalt, in dem er lebte! Priester, die heirateten, musste er suspendieren, so verlangte es Rom, sein Herz hätte oft gerne anders entschieden, obwohl er für sich selber ein Vertreter des Zölibats war.

Dem Papst in Rom trug er vor, was 80 Prozent glaubwürdiger Christinnen und Christen in seiner Diözese immer wieder anmahnten: die Forderung, dass Priester heiraten dürften und die Frage nach dem Priestertum der Frau. Mit ernster Miene gab Bischof Hemmerle die Reaktion des Papstes wider: Der Papst stützte den Kopf in die Hand und sagte: »Der böse, böse Papst!«

Das letzte Gespräch mit Bischof Klaus Hemmerle in seinem Haus in Aachen war ein besonders langes. Zwischendurch telefonierte er in meinem Beisein mit einem Kardinal. Am Ende unseres langen und guten Gesprächs sagte Bischof Klaus Hemmerle – ich zitiere wörtlich: »*Ich habe Angst! Wenn ich das tue, was mein Herz mir sagt, bin ich morgen nicht mehr der Bischof von Aachen!*«

Diese Worte haben mich erschüttert, und ich habe sie natürlich in meinem Herzen bewahrt. Als Teil seines Vermächtnisses gebe ich sie hier wieder und frage mich, wie stark der Druck Roms auf Bischof Klaus Hemmerle gelastet haben mag!

Beim Abschied legte er behutsam seine Hand auf meine Schulter, und ich ahnte: Das ist ein ganz besonderer Abschied. Es war wie ein endgültiger Abschied – das Gespräch fand in der Karwoche 1993 statt. Ich hatte während des Gespräches gespürt, dass es ihm nicht gut ging, und er selber muss um seine Krankheit gewusst haben – wie genau, das kann ich nicht sagen.

Kurz nach Ostern kam er ins Klinikum Aachen und wurde umgehend operiert. Er hatte von Anfang an keine Überlebenschance: Krebs! Auf Anfrage durfte ich ihn zum letzten Mal im Marienhospital in Aachen besuchen und begegnete einem vom Tod gezeichneten Menschen. Ein Gespräch, wie oft vorher, war nicht mehr möglich – nun durfte *ich* Worte des Trostes zu ihm sprechen. Zeichen von Angst vor dem Tod konnte ich bei ihm nicht feststellen.

Sein Tod hat mir weh getan, hatte ich doch einen Freund und Wegbegleiter verloren.

Viele Menschen haben um Bischof Klaus Hemmerle getrauert. Er war als Bischof Mensch und Hirte: Seelsorger vor allem für die Verwundeten am Wegesrand. Besonders auch Frauen haben das zu ihrem Heil erfahren.

Im Auf und Ab der Jahre: 1991 – 1996

Als ich die Hochgrat-Klinik im November 1991 verließ, war ich in keiner guten Verfassung. Was da im Zusammenhang mit dem Inzestfilm alles aufgebrochen war, erforderte dringend weitere Behandlung. Es war mir schon klar, dass ich – gegen alle Angst und Scham! – mein Herz öffnen musste, um kundzutun, was sexuelle Gewalt und religiöser Missbrauch an Verwüstung in meiner Seele angerichtet hatte. Mir war bewusst, dass ich auf eine offene Wunde stoßen und der Schmerz groß sein würde. Es war mir nicht möglich gewesen, die tiefsten Verletzungen meines Lebens in der Klinik offen zu legen – die Zeit war dazu immer noch nicht reif gewesen.

Die äußeren Umstände in meinem Leben gaben mir die nötige Freiheit, den konfliktbeladenen Weg des Sich-Öffnens zu gehen. Es gab ein zu Hause, liebe Menschen und Freunde in der Gemeinde und darüber hinaus die Meetings der Selbsthilfegruppen.

Ich benötigte fachärztliche Hilfe. Für einen recht langen Zeitraum sollte das für mich eine Therapeutin und das Team der Schmerzambulanz des St. Antonius-Krankenhauses in Schleiden sein. Und immer habe ich mich gefragt, ob ich es wert sei, so viel Hilfe zu empfangen – ein uraltes Gefühl aus längst vergangenen Zeiten. Verstanden die Menschen, die mir nahe standen, dass mein Weg der Genesung so lange dauern sollte?

Meine Dienste in der Gemeinde versah ich weiterhin mit viel Freude, ohne dass die meisten Menschen wussten, was in mir vor sich ging. Unter Kindern zu sein und der Kontakt im Kollegium der Grundschule gaben meinem Leben zusätzlich Sinn und Inhalt. Zudem übernahm ich bald die Schulgottesdienste am Clara–Fey-Gymnasium in Schleiden, eine Aufgabe, die ich gerne annahm. Jeden Montag besuchte ich wie immer die Kranken (nicht nur aus Dreiborn) im Antonius-Krankenhaus. Die meisten Kranken erwarteten mich immer schon, wenn ich durch die Tür trat.

Es machte mich oft traurig und machtlos, wenn ich so viel Leid bei Menschen wahrnahm. Die Kranken waren für jedes gute, tröstende und ermutigende Wort dankbar. Vor allem ging es mir unter die Haut, wenn ich Krebskranke begleitete.

Meine Therapeutin sagte mir recht bald, deutlich und ehrlich, sexuelle Gewalt und religiöser Missbrauch ließe sich kaum ambulant behandeln, das wäre so etwas wie eine Gratwanderung, bei der man jeder Zeit abstürzen könne. Wie recht sollte sie haben: Der Absturz kam. Sie aber und gute Menschen fingen mich immer wieder auf, so dass ich trotz heftiger körperlicher Attacken meinen Dienst weiter verrichten konnte, wofür ich sehr dankbar bin.

Die Arbeit als Dechant mit meinen Kollegen erwies sich als sehr schwierig. Es gab manche Verletzungen. Darüber zu schweigen war ich nicht bereit. Ein Glück, dass ich in Bischof Klaus Hemmerle, so lange er lebte, Worte des Verständnisses und des Trostes und der Ermutigung bekam. Heute gibt es einen Modus Vivendi - wir können einander mit mehr Respekt begegnen, und das ist schon viel. Um das zu erreichen, habe ich alles in meinen Möglichkeiten Stehende versucht. Mit den ehrenamtlichen Mitarbeiterinnen und Mitarbeitern gab es zu jeder Zeit ein gutes und fruchtbares Miteinander.

Mein Zusammenbruch sollte ausgelöst werden durch einen Fall von sexueller Gewalt in meiner Gemeinde. Alle Opfer kannte ich persönlich sehr gut, einige waren meine Schülerinnen in der Grundschule gewesen. Als ich die ganze Wahrheit erfuhr, habe ich mich beraten lassen, sehr diskret natürlich. Von höchster Stelle im Generalvikariat wurde ich aufgefordert, mein Wissen sofort weiter zu geben. Im Pfarrgemeinderat fand ich viel Verständnis und Unterstützung, ich war darauf auch sehr angewiesen. Zur Polizei gehen wollte ich nicht, kannte ich doch auch den Täter sehr gut. So gab ich das, was ich wusste, an das Jugendamt weiter. Es war mir klar, dass das so sein musste und richtig war, aber dennoch fiel es mir unendlich schwer, und ich hatte Angst vor den Konsequenzen.

Die Presse erschien unangemeldet, kurz bevor ich wegen einer Operation ins Krankenhaus musste. Die beiden Herren verhielten sich mir gegenüber fair, lösten aber in Dreiborn eine Menge Unruhe aus, der ich mich nicht gewachsen fühlte. Ich war im Krankenhaus, und dort kamen Bruchstücke meiner eigenen Geschichte hoch. Ich reagierte mit häufigerem Hyperventilieren und bekam Hilfe von der Schmerzambulanz und den Schwestern der Station. Die Operation verlief ohne Komplikationen.

Das war nicht selbstverständlich. Ein Jahr vorher hatte schon einmal eine Operation angestanden. Vor diesem Eingriff gab es erhebliche Schwierigkeiten, so dass der Termin verschoben werden musste. Als ich dann doch operiert wurde, gab es während der Operation Komplikationen, ich bekam Herzrhythmusstörungen, was ich überhaupt nicht begreifen konnte. Jetzt aber war mir das plötzlich ganz klar. Operateur und Narkosearzt (mir sehr vertraut) waren Männer. In meinem Unterbewusstsein steckte aber diese panische Angst vor Männern. Diese Angst saß so tief, dass ich sie auf Operateur und Narkosearzt vor und selbst während der Operation unbewusst übertragen habe. Bei der zweiten Operation dagegen waren zwei Frauen Operateurin und Narkoseärztin, und eine mir vertraute Krankenschwester assistierte, deshalb gab es keinerlei Komplikationen. Diese Erkenntnis fand ich schon schockierend. Wer ist der Mann, und wer sind die Männer, die mir solche panischen Ängste schon in meiner Kindheit gemacht haben?

Eine Zeitschrift wollte unmittelbar nach der Operation ein Interview, was für mich völlig unmöglich war. Ich lehnte ab und bekam dabei auch Unterstützung. Dennoch standen die Herren von der Zeitschrift plötzlich in meinem Zimmer und ignorierten einfach meinen klares und eindeutiges Nein. Zum Glück wurden sie sofort aus meinem Zimmer verwiesen. Obwohl ich kein einziges Wort gesagt hatte, gab es bald einen Artikel in der Zeitschrift mit Zitaten, als ob ich ihnen ein Interview gegeben hätte.

Man schirmte mich in meinem Zimmer vor Presse und Fernsehen ab – ich war zu Interviews weder in der Lage noch bereit. Ich war froh, als Presse und Fernsehen das schließlich akzeptierten.

Während der Zeit meines Krankenhausaufenthaltes kam immer wieder Anfälle von Hyperventilieren, und es flossen viele Tränen, und das war etwas, was ich so viele Jahre nicht mehr gekonnt hatte. Die vereisten Tränen begannen zu tauen. Das Personal des Krankenhauses fing mich immer wieder auf.

Auch nach dem Krankenhausaufenthalt wiederholte sich das Hyperventilieren immer häufiger, die ambulante Therapie ging weiter, und doch spürte ich allmählich, dass all das, was durch die sexueller Gewalt in meiner Gemeinde und aus meiner Geschichte aufgebrochen war, eine intensive stationäre Behandlung erforderlich machen würde. Noch wehrte ich mich innerlich dagegen, witterte ich doch allzu deutlich, wie schmerzlich ein Klinikaufenthalt sein würde.

In dieser Zeit wurde mir immer deutlicher die ungeheuerliche Tatsache bewusst, dass es Leute gab, die sexuelle Gewalt, Inzest und religiösen Missbrauch zu bagatellisieren versuchten. Natürlich, nur der Betroffene weiß um die Leiden von sexueller Gewalt und Inzest und religiösem Missbrauch, und es gehört für jedes Opfer außerordentlich viel Mut dazu, die Rolle des Opfers aufzugeben und den dornigen Weg der Genesung zu gehen. Aber darf man nicht wenigstens Solidarität erwarten? Wie können Menschen hingehen und in so unsensibler Weise über Dinge sprechen, die zum Ärgsten gehören, was der menschlichen Seele widerfahren kann?

Im März 1996 feierte ich mit meiner Gemeinde Dreiborn mein 25-jähriges Ortsjubiläum und gleichzeitig den 60. Geburtstag. Gremien und Gemeinde hatten ein wunderbares Fest vorbereitet. Morgens war noch eine Behandlung in der Schmerzambulanz des Krankenhauses erforderlich, dann konnte ich mit vielen Gästen das Jubiläum feiern. Es war überwältigend, wie viel Liebes mir gesagt wurde. Allen gilt dafür mein Dank.

Ironie des Schicksals, dass der Zusammenbruch, von den meisten kaum bemerkt, ausgerechnet in jener Zeit unmittelbar bevorstand. So konnte es nicht weitergehen. Mein Arzt drängte mich auf eine erneute Einweisung in die Hochgrat-Klinik in Wolfsried. Endlich war ich einverstanden. Es war allerhöchste Zeit. Ich schrieb an den Chefarzt der Hochgrat-Klinik und bat um baldige Aufnahme, bat ihn, mich auf die Abrufliste zu setzen. Ich fügte einen Lebenslauf bei und berichtete über meine aktuelle Verfassung.

Ich empfand es als beschämend, noch einmal stationär aufgenommen werden zu müssen. Hatte ich versagt? Bin ich berechtigt? Bin ich das wert? Würde man mich noch einmal aufnehmen?

Die Oberärztin, ich kannte sie noch von Herrenalb her und schätzte sie sehr, schrieb mir einen lieben Brief und erklärte sich bereit, mich noch einmal in die Hochgrat-Klinik aufzunehmen. Ich erhielt eine weitere Chance. Ich hatte gegen alle Angst und Scham darum gebeten, mir diesmal eine Frau als Therapeutin zu geben. Ich war sicher, mich so eher öffnen zu können. Die Formalitäten waren bald geregelt, und so machte ich mich auf die Fahrt zur Hochgrat-Klinik nach Wolfsried.

1996 – Zum zweiten Mal in der Hochgrat-Klinik

Auf der Fahrt zur Hochgrat-Klinik entschied ich: Ich werde mich auf alles einlassen, was mir weiter helfen kann, ich werde mich öffnen, was auch immer hochkommt, und wenn es noch so weh tut, und wenn ich noch so viel Angst und Scham verspüre. Ich konnte gar nicht mehr anders. Mein ganzes Widerstandssystem war zusammengebrochen.

Was würde wieder alles auf mich zukommen? Ich wusste es und wusste es doch nicht. Freundlich wurde ich in der Klinik aufgenommen, und auf der Tür meines Zimmers stand: »*Herzlich willkommen!*« Dazu passend hatten zwei liebe Menschen ein Bild gemalt. Beide sind bis heute in meiner Erinnerung lebendig. Trotzdem – ein uraltes Gefühl meldete sich wieder ganz heftig: »Du bist nicht herzlich willkommen auf dieser Erde« – war ich doch kein Mädchen, sondern ein Junge, als ich auf diese Erde kam. Diese uralte Botschaft, hineingemeißelt in meine Seele, kannte ich allzu gut. Ich wollte ihr aber nun nicht mehr die Befehlsgewalt überlassen. Denn hier stand es doch schwarz auf weiß und bunt, und nicht einfach so »hingepinnt«: »Herzlich willkommen!«, mit dem Herz dazu gemalt, nein, ich glaubte nicht, dass das irgendeine Routinehandlung war. Trotz der alten Botschaft machte ich jetzt eine neue Erfahrung, ich sagte mir: Ich bin offenbar wirklich herzlich willkommen! Das sollte eine gute Grundlage sein für die schwierige Zeit der Therapie.

Gespannt war ich, ob meine Bitte auch erfüllt werden würde, eine Frau als Therapeutin zu bekommen. Ich bekam eine Therapeutin – genau die richtige für mich, spürte ich vom ersten Augenblick an, und so sollte es auch bleiben bis zum Schluss der Therapie.

Ich befand mich in einem katastrophalen Zustand, als ich in die Klinik kam. Die meisten Medikamente wurden sofort abgesetzt, ich hatte eine Menge davon bekommen in den letzten Jahren. Was hätte ich auch anderes tun können bei den ständig sich wiederholenden Attacken von Hyperventilieren? Was an Medikamenten blieb, war ein wenig Kortisonspray und ein Medikament bei Asthma. Ohne jegliche Beruhigungsmittel leben, wie sollte das gehen? Ich spürte aber auch, dass es hier Menschen gab, die mich auffangen würden.

135

In den ersten Nächten lag ich mit einem anderen Mann in einem Zimmer – an Schlaf war da überhaupt nicht zu denken. Bald jedoch bekam ich ein Einzelzimmer.

Wieder gab es zu Beginn ein Kontaktfasten von drei Wochen, und das war gut so. Zu Hause war es fast immer am Vormittag, wenn mich das Hyperventilieren überfiel. In der Klinik (nach dem Absetzen der Medikamente) kam es zu jeder Tages- und Nachtzeit, und zwar heftig, und ließ mich etwa vier Wochen lang kaum noch zur Ruhe kommen. Stets aber wurde ich aufgefangen – vom Team der Klinik oder anderen Menschen –, es gab immer, wenn es notwendig war, eine Hand, oder jemand nahm mich einfach in den Arm.

Von Männern konnte ich allerdings weiterhin keine Nähe ertragen, und die Männer haben das zu jeder Zeit respektiert. Hinter diesen nun ständig herausbrechenden körperlichen Attacken verbargen sich die viel zu lange unterdrückten, verdrängten Gefühle. Die Tränen flossen wie nie in meinem Leben zuvor. Das ging immer nur dann, wenn ein Kontakt zu einem Menschen möglich war, dem ich vertraute. Ich spürte die offene Wunde, die über viele Jahre notdürftig zugeklebt war, und sie tat entsetzlich weh. Jedes Mal, wenn ich ein wenig zur Ruhe kam, spürte ich die offene Wunde und den Schmerz, den sie auslöste.

In den Nächten kamen Panikattacken hinzu, Gefühle aus alten Zeiten, tief vergraben in meiner Seele. So hart es auch war, es war natürlich notwendig und gut, dass nun endlich die Bilder und Gefühle Stück für Stück hochkamen und einen Ausdruck fanden, den die Menschen um mich herum wahrnehmen konnten. In den Nächten hielt ich es längere Zeit nicht in meinem Zimmer aus und lag so in einer Sitzecke in der Nähe des Pflegedienstes, in akuten Fällen war das in Absprache mit dem Pflegedienst möglich, nur wenige machten davon Gebrauch. Auch in den Nächten bekam ich alle Hilfe, die ich brauchte. Oft schämte ich mich, dass ich auf so viel Hilfe angewiesen war.

Es galten die gleichen Fastenregeln wie 1991, so dass ich sie nicht noch einmal aufzählen muss.

Auch kam ich wieder in die sogenannte Essstruktur, eine wesentliche Hilfe für mich und alle, die mit erheblichen Essproblemen zu tun hatten. Bei all dem, was da hoch kam, wurde auch das Essen wieder zu einem großen Problem. Alle aus der »Essstruktur« trafen sich täglich nach dem Mittagessen zu einer kurzen Runde, um sich über die Schwierigkeiten beim Essen und deren Hintergründe auszutauschen.

Ich verkroch mich nicht mehr in meinem Zimmer wie 1991, sondern ließ mich auf Kontakt mit meinen Mitmenschen ein, bei den Frauen mehr, bei den Männern weniger, anders ging es (noch) nicht. Meine Therapeutin und das therapeutische Team arbeiteten hervorragend zusammen, was uns allen natürlich zugute kam.

Ein Problem, größer noch als 1991, war die Männergruppe. Ich bekam die Empfehlung, mich an der Männergruppe zu beteiligen, durfte aber sofort diese Gruppe verlassen, wenn es völlig unerträglich wurde. Diese Empfehlung war wichtig, löste die Männergruppe doch bei mir massive Ängste und heftige Körperreaktionen aus.

Einmal, es ging um das Thema, das mich ja besonders stark traumatisiert hatte: Vergewaltigung, verließ ich ganz früh die Männergruppe. Ich kam gerade noch rechtzeitig beim Pflegedienst an, und dann kam unendlich viel an Gefühlen hoch, die ich allzu lange verdrängt hatte, entsetzliche Bilder aus einer Zeit, als ich noch ein Kind war. Es waren vor allem die Bilder, die sich mir eingeprägt hatten, als jener Mann mich im Alter von zehn Jahren vergewaltigt hatte. Beim Pflegedienst nahm man mich einfach in den Arm, und das sehr lange, ich weiß nicht, wie lange, und da war nur noch Trauer und Schmerz, nur auszuhalten durch dieses liebevolle Aufgefangen- und Gehaltensein.

In der Klinik wurde, das wird durch meine Beschreibungen deutlich, stark emotional gearbeitet. Besonders schwer fiel es mir, Wut zuzulassen und zu äußern. Dennoch – einige Male kam auch bei mir eine Menge Wut hoch. Meiner Wut habe ich mich geschämt: Es war mir ja als Kind nicht erlaubt, wütend zu sein. Alle durften es, nur ich nicht! Es ging mir wie allen Inzestüberlebenden und den Opfern von religiösem Missbrauch – der Schmerz war unendlich groß. Wie bei mir hatten auch alle anderen Überlebenden von sexueller Gewalt offene Wunden, und alle verspürten Schmerz und Wut. Es sollte bei allen sehr lange dauern, bis die Wunden heilen, vernarben durften. Ohne menschliche Nähe war niemand in der Lage, diese Gefühle zuzulassen und auszudrücken. Nur die Liebe wirkt Wunder der Heilung!

Sexuelle Gewalt und religiösen Missbrauch aufzuarbeiten braucht den Schutzraum der Klinik, denn niemand weiß, wann sich was löst und wie lange diese Emotionen andauern. Diese Gefühle zu äußern erlebten alle als Befreiung. Eine Familie ist damit hoffnungslos überfordert. Allerdings, eine gute Familie ist eine wesentliche Hilfe auf dem Weg der Genesung, und natürlich sind Freunde genauso unverzichtbar.

Nach rund vier Wochen beruhigte sich mein Zustand. Doch noch weitere Wochen mussten vergehen, ehe eine Stabilisierung eintrat. Es war für mich wie für alle anderen, die in ihrer Kindheit Opfer von Gewalt waren, ein dorniger Weg. Wer einmal hautnah Opfern von sexueller Gewalt und religiösem Missbrauch auf ihrem Weg der Genesung begegnet ist, wird nie mehr Gewalt (egal welcher Art) verharmlosen.

Was aber ist es letztlich, dass die Seele allmählich heilen lässt? So unverzichtbar liebevolle menschliche Nähe ist, so ist es doch eine Macht in uns selber – soll ich sie »Gott« oder »höheres Wesen« nennen? –, die den Menschen Heilung und Heil schenkt und genesen lässt. Ich befand mich in einer sogenannten »Zwölf-Schritte-Klinik«. Wirkliches Heil, das spürten wir alle, bewirkt also nur eine unendliche Liebe, die die Christen »Gott« nennen und die Jesus »Vater« nannte. Mit diesem Wesen in Kontakt zu kommen wünschte ich mir sehr – wie alle anderen auch. In der Klinik gab es eine gesunde Form Spiritualität, wie ich sie in der Kirche nie erfahren hatte. Nur wenige Menschen in der Kirche stellten da eine Ausnahme dar. Stellvertretend für diese Menschen nenne ich noch einmal Bischof Klaus Hemmerle aus Aachen.

Im geschützten Raum der Klinik war es mir möglich, mein Leben mit anderen zu teilen und mich immer mehr zu öffnen. Hier war es möglich, alle Gefühle zu äußern, ohne die Angst, dass jemand mit erhobenem Zeigefinger gesagt hätte: »Wie kannst du nur so denken und fühlen!« Ich empfand mich als ein suchender Mensch mit vielen Zweifeln, mit der Schwierigkeit zu glauben und zu vertrauen, das war hier erlaubt, und nur so konnten die winzigen Pflänzchen Glauben und Vertrauen ein wenig wachsen. Liebevolle und bedingungslose Annahme bewirkt die Wunder, wie wir sie von Jesus kennen, und so haben es viele in der Klinik erfahren.

Mich öffnen dürfen und das Leben mit anderen Menschen teilen, wie gerne hätte ich das in der Kirche getan, wie sehr hatte ich mich nach Liebe gesehnt – in der Klinik durfte ich es endlich erfahren. In der Kirche wird über Liebe geredet, die Liebe wird aber selten nur gelebt – vor allem in der offiziellen Amtskirche.

Für die Genesung war es notwendig, darauf zu achten, dass niemand die alten Wunden wieder neu aufreißen konnte. Das ist natürlich nicht einfach, denn wir Menschen machen in dieser Hinsicht, meist ohne es zu wollen, schwerwiegende Fehler. So ging es in der Klinik auch darum, wann immer es nötig war, auf Distanz zu gehen, um sich so vor neuen Verletzungen zu schützen. Ich durfte lernen und erfahren, dass auch ich ein Recht auf Grenzen habe, die keiner übertreten darf. Ich merkte bald, wie nahe Freude und Schmerz beieinander liegen.

Gut für mich sorgen, aus einer gesunden Eigenliebe heraus, auch das war für mich und viele andere immer wieder Thema. Wenn es mir gut geht, weil ich gut für mich gesorgt habe, dann können andere sich auch bei mir wohlfühlen, dann kann ich weitergeben, was ich empfangen habe. Ich bin dankbar für diese schwierige, aber gute Zeit in der Hochgrat-Klinik. Es war ein stetiges Auf und Ab der Gefühle – bei mir wie bei allen anderen Menschen hier.

Das therapeutische Team begleitete uns wie gute Hirten. Besonders dankbar bin ich meiner Therapeutin. Sie nahm sich sehr viel Zeit für mich, vor allem dann, wenn ich das Gefühl hatte, völlig abzustürzen, ein Gefühl aus einer Zeit, als ich noch ein kleines Kind war. Immer wieder ermutigte sie mich, mit meinem »inneren Kind« in Kontakt zu treten. Das fiel mir schwer, sollte aber für mich eine wichtige Übung werden. Zuerst konnte ich mit dem »inneren Kind« wenig anfangen, aber auf Dauer gelang es mir, dieses »innere Kind« in mir wahrzunehmen und mehr und mehr anzunehmen.

Betrübt musste ich erkennen: Dieses »innere Kind« wird nie mehr in seinem Leben das bekommen, was es an Liebe entbehrt hat. Ich selber aber kann meinem »inneren Kind« wie eine gute Mutter und wie ein guter Vater sein. Dieses »innere Kind« verlor allmählich die Angst, es taute auf, die Erstarrung wich, und was wie tot war, durfte wieder lebendig werden. Mein »inneres Kind« hatte viele offene Wunden. Mein »inneres Kind« konnte allmählich entgiftet werden, und wo Verwüstung war, durfte neues Leben entstehen. Ganz heil und lebendig werden, das sollte allerdings noch lange dauern, und wahrscheinlich dauert es bis zum Ende meines Lebens.

Es war jedes Mal das gleiche traurige Erlebnis, wenn vor allem Frauen erzählten, was ihnen an Gewalt und Missbrauch widerfahren war. Ich bewunderte ihren Mut, wie sie sich alle auf den Weg der Genesung einließen. Das gab mir Mut und tröstete mich. So konnten wir Kraft und Hoffnung miteinander teilen. Ich konnte erleben, wie Menschen aus der Opferrolle heraustraten und Stück für Stück Verantwortung für ihr Leben übernahmen. Auch ich spürte, dass ich im Hier und Heute nicht mehr das Opfer zu sein brauchte. Ohne die Unterstützung hätten wir das nie und nimmer geschafft! Und ich sollte noch lange auf Hilfe und Unterstützung angewiesen sein!

Eine Frage beschäftigte mich und andere immer wieder: »Kann oder muss sogar ein Opfer von sexueller Gewalt und religiösem Missbrauch dem Täter vergeben?« In der katholischen Kirche hatte ich widerspruchslos lernen müssen: »Wenn ich nicht vergebe, wird auch Gott mir nicht vergeben!« Diese Aussage der Kirche beunruhigte mich auch jetzt noch. Allmählich wurde mir klar (eine Hilfe war dabei ein Vortrag, den ich zu diesem Thema gehört hatte): Wesentlich für mich als Opfer sexueller Gewalt und religiösen Missbrauchs ist, Hass und Rache allmählich zu überwinden und loszulassen, die Vergebung aber Gott zu überlassen. Wie soll auch ein Opfer in der Lage sein, zu vergeben, wenn es bei dem Täter keine wirkliche Reue und Umkehr gibt und bei der nächsten Gelegenheit wieder über sein Opfer herfällt oder sich ein neues Opfer sucht? Wenn ein Opfer wirklich geheilt ist und ein Täter wirklich aufhört, ein Täter zu sein um an kleinen Kindern Gewalt auszuüben, vielleicht ist dann Vergebung möglich.

Mit den Männern konnte ich am Ende der Therapie ein wenig lockerer umgehen. Sie hatten meine Grenzen akzeptiert. Jegliche körperliche Nähe war aber auch weiterhin unmöglich.

Ich knüpfte auch in dieser Klinik freundschaftliche Kontakte. Viele Menschen schrieben einige liebe Zeile in mein Büchlein und gaben mir ihre Adresse. Ich werde diese Kontakte noch lange pflegen, denn sie haben mir geholfen, meine Lebenskrise zu überwinden.

Die Meetings in der Klinik besuchte ich regelmäßig. Vor allem ging ich in OA-Meetings (Essprobleme) und Isa-Meetings (Überlebende von sexueller Gewalt und Inzest) und EKS-Meetings (Erwachsene Kinder von suchtkranken Eltern und Erziehern). In den Meetings ging es auch um religiösen Missbrauch und um eine gesunde Spiritualität.

Ich empfing in der Hochgrat-Klinik viele neue Impulse. Immer mehr lebte ich aus der Intuition heraus, hörte immer mehr auf die Stimme meines Herzens, dem Raum, wo Gott in uns Menschen spricht. Das sollte mir sehr zugute kommen für mein Leben und meine Arbeit nach der Klinik. Ich gewann eine neue Freiheit, wie ich es nicht für möglich gehalten hätte. Mein Körper aber machte mich immer wieder darauf aufmerksam, dass ich noch lange nicht am Ende des Weges der Genesung war.

Ich empfand es als außerordentlich schmerzlich, bei drei Klinikaufenthalten so lange von zu Hause und der Gemeinde weg zu sein. Da meldeten sich immer wieder heftige Schuldgefühle. Diese Gefühle waren wie stets mit viel

Scham und Angst verbunden. Wie dachte man zu Hause über meine häufigen Klinikaufenthalte? Aber es war ein notwendiger und richtiger Weg – das spürte ich. Und die Menschen zu Hause und in der Gemeinde konnten am Ende davon profitieren.

Es ist schwierig für die Angehörigen, die zu Hause bleiben, das war mir stets bewusst. Angehörige leiden letztlich auch unter den Tätern, die kleine Kinder einmal zu Opfern gemacht haben. Wenn aber sexuelle Gewalt und Inzest und religiöser Missbrauch wirklich aufgearbeitet werden und Seelen heiler werden können, dann kommt das am Ende allen zugute, mit denen man in Beziehungen lebt. Schwierig ist und bleibt die Beziehung zu manch einem meiner Kollegen. Zu viele zeigten kein Interesse am Weg meiner Genesung, das tut weh und ist bitter. Ich habe aber gelernt, dies als eine Realität anzunehmen, für die ich nicht verantwortlich bin.

Nach zehn Wochen Klinikaufenthalt stand die Entlassung an. Vorher gab es eine beeindruckende Verabschiedung. Ich freute mich auf Familie, Gemeinde, Kinder und Freunde. Die Kinder der Grundschule hatten mir wie 1991 Bilder gemalt und geschickt, sie hingen alle in meinem Zimmer, sie Tag für Tag zu betrachten hat mir sehr geholfen, und ich war den Kindern dankbar. Unzählige Briefe hatte ich bekommen – Balsam für meine Seele.

Zwei Mal durfte ich in der Klinik mit vielen Menschen die Eucharistie feiern, und auch in dieser Feier teilten wir in aller Offenheit ein Stück Leben miteinander, es war einfach überwältigend und wird unvergesslich bleiben.

Mit dem Herzen voll Dankbarkeit für alle, die mir geholfen und zur Seite gestanden hatten und die mir ans Herz gewachsen waren, fuhr ich schließlich traurig und froh zugleich nach Hause.

Die Bistumstage 1996 in Aachen

Im April 1996 fand in Aachen der erste Teil der sogenannten Bistumstage statt. Aufgabe der Mitglieder sollte es sein, Bilanz zu ziehen zum Thema *Weggemeinschaft,* wie der verstorbene Bischof Klaus Hemmerle es verstanden und vor allem vorgelebt hatte. Im November 1996 hatten die Mitglieder die Aufgabe, neue Perspektiven zu entwickeln für die Zukunft der Kirche von Aachen.

Auf Anfrage in der Dechantenkonferenz erklärte ich mich bereit, mich aus »Liebe zur Kirche« bei den Bistumstagen zu engagieren. Nach längerem

Überlegen entschied ich mich zur Mitarbeit in der Gruppe »Frauen in der Kirche«. Mein Gefühl sagte mir, dass ich mich in dieser Gruppe ohne Angst vor Verletzungen öffnen, mich voll und ganz einbringen und vor allem Menschen finden könne, die ähnlich denken und fühlen wie ich. Als Opfer von »Mutter Kirche« würde ich gerade in den Frauen Verbündete finden, hatten doch gerade Frauen zu oft unter der Kirche gelitten und waren ausgegrenzt worden – in einer Kirche, die allein von Männern regiert wird. Ich habe meine Entscheidung nicht bereut, gerade in der Gruppe »Frauen in der Kirche« mitzuarbeiten. Manch einer meiner Kollegen verstand das nicht so richtig.

Eine ehrliche Bilanz zu ziehen wäre eine Riesenchance nicht nur für die Kirche von Aachen gewesen. Leider war es aus taktischen Gründen nicht möglich, die Machtstrukturen in der Kirche zum Thema zu machen. Ich habe mich nicht getraut, dieses Thema im Plenum öffentlich zu beantragen. Auch war ich nicht in der Lage, in aller Öffentlichkeit Bischof Klaus Hemmerle zu zitieren, der mir ja persönlich gesagt hatte, dass er vieles für sich behalten müsse, wenn er Bischof von Aachen bleiben wolle. Die Angst vor Verletzungen war einfach zu groß, und diese Angst war nicht unbegründet. Soll in der Kirche Jesu nicht die Liebe Maßstab allen Handelns sein? Wie aber ist eine wirkliche und ehrliche Bilanz möglich, wenn ein wesentliches Thema nicht behandelt werden kann?

Aus Angst vor Verletzungen habe ich mich im Plenum beim ersten Teil der Bistumstage völlig zurückgehalten. In der Gruppe »Frauen in der Kirche« war man sich einig, dass die Machtstrukturen in der Kirche eigentlich Thema sein müssten. Es gab ein Rollenspiel im Plenum, in dem diese Thematik deutlich angesprochen wurde. Aber, so fragte man sich in unserer Gruppe, würde dieses Thema den Bistumstag nicht sprengen und wichtige Voten für die Kirche von Aachen gefährden? So blieb dieses Thema letztlich außen vor, aus diplomatischen Gründen, die Zeit war noch nicht reif ... Wie hatte man schon in der Hochgrat-Klinik gesagt: »Eine Umkehr wird es in der römisch-katholischen Kirche, was die Hierarchie betrifft, auf absehbare Zeit nicht geben«.

Gesundheitlich angeschlagen (für den Notfall hatte ich Valium 5 mitgenommen), war ich nicht in der Lage, nach weiteren Wegen zu suchen, wie eine ehrliche Bilanz doch möglich sein könnte. In der Gruppe »Frauen in der Kirche« fand ich Verständnis und Zuspruch. Ich habe mich in dieser Gruppe stets angenommen und wohl gefühlt. Dennoch fuhr ich frustriert nach dem ersten Teil der Bistumstage nach Hause. Vergangenheitsbewältigung in der römisch-katholischen Kirche, eine Untersuchung der Machtstrukturen gestern und heute – eine Chance im Zusammenhang mit der Bilanz von *Weggemeinschaft* war verpasst!

Dennoch – nach dem Aufenthalt in der Hochgrat-Klinik – beteiligte ich mich auch am zweiten Teil der Bistumstage in Aachen, und das war gut so.

In der Frage der Zulassung der Wiederverheirateten zur Kommunion fällte der Bistumstag, von Bischof Heinrich Mussinghoff mitgetragen, mit weit mehr als Zweidrittelmehrheit eine Entscheidung, die sinngemäß so lautete: Der Bischof möge allen Priestern empfehlen, die Gewissensentscheidung von Wiederverheirateten zu respektieren und sie auf Wunsch zur Kommunion zuzulassen.

In den Fragen zur Zukunft der Kirche in der Diözese von Aachen gab es gute Entscheidungen mit je Zweidrittelmehrheit, die die Mitglieder ohne Genehmigung von Rom für unsere Diözese treffen konnten. Das immerhin war erfreulich, obwohl ich wirkliche Impulse für die Zukunft der Kirche kaum heraushören konnte. In den Gemeinden ist deshalb von den Ergebnissen der Bistumstage so gut wie nichts angekommen.

In den entscheidenden Fragen durften die Mitglieder nur Voten beschließen und diese an die Bischofskonferenz und über die Bischofskonferenz an den Papst weiterleiten. In diesen Punkten hatten die Mitglieder der Bistumstage keine wirkliche Kompetenz zu Entscheidungen. Dennoch sind Voten sehr wichtig, wird dadurch doch die Mehrheit des Volkes Gottes in ihren Mehrheiten deutlich.

In ihren Voten stellten die Bistumstage Forderungen an die Bischofskonferenz und den Papst. So gab es eine Zweidrittelmehrheit für das Votum, neben den zölibatären Priestern auch verheiratete Priester in der Kirche zuzulassen. Wie lange schon wird diese Forderung vom Volk Gottes ohne jeglichen Erfolg angemahnt?

Wie aber würden die Mitglieder der Bistumstage zur Frage nach dem Priestertum der Frau reagieren? Würde es auch da eine Zweidrittelmehrheit für ein Votum an Bischofskonferenz und Papst geben? Die Anspannung in der Gruppe »Frauen in der Kirche«, die dieses Votum vorbereitet und theologisch exakt begründet hatte, war groß. Es war das einzige Mal bei den Bistumstagen, wo ich mich kurz vor der Abstimmung spontan im Plenum zu Wort meldete – mit Angst allerdings, die die anderen nicht bemerkten.

Ich erzählte einfach meine eigene Entwicklung, was die Frage nach dem Priestertum der Frau betrifft. Zu Beginn meines Dienstes in der Kirche gab es ein klares Nein zum Priestertum der Frau, es war für mich völlig undenkbar. So war ich von der Kirche geprägt worden. In unzähligen Gesprächen mit Schülerinnen und Schülern am Gymnasium, Jugendlichen in der Gemeinde und vor allem Frauen wurde aus dem Nein allmählich ein Jein und schließlich ein überzeugtes: Ja! Ich fand keine theologischen Gründe mehr gegen das Priestertum der Frau. Auch im Neuen Testament spricht nichts dagegen – worin sich heute zahlreiche Theologen einig sind. Außerdem hatte ich erkannt, dass der Ausschluss der Frau vom Priestertum gegen ein Grundrecht verstößt – die Gleichberechtigung der Frau.

Ich bat Bischof Mussinghoff ausdrücklich, seine Position neu zu überdenken und sich mit jungen Leuten und vor allem Frauen in dieser Frage auseinander zu setzen, damit aus seinem heutigen Nein ein Ja werden könnte. Auf Bischof Klaus Hemmerle könne sich keiner der Neinsager mehr berufen, hatte er doch in aller Öffentlichkeit in den Gremien meiner Gemeinde gesagt: »Die Frage des Priestertums von Frauen in der Kirche muss ich ganz neu überdenken.«

Nach meiner Wortmeldung gab es für mich völlig überraschend starken Applaus. Das Votum für das Priestertum der Frau wurde mit Zweidrittelmehrheit angenommen. Die Freude bei den Mitgliedern der Gruppe »Frauen in der Kirche« und bei vielen anderen war groß. Den Frauen, wie ich sie in der Gruppe kennen lernte, ging es nicht um Macht und schon gar nicht darum, das Priestertum in dem unguten Stil auszuüben, wie es von vielen Priestern heute immer noch getan wird. Mit einem besseren Gefühl als beim ersten Teil der Bistumstage fuhr ich nach Hause.

Natürlich frage ich (und fragen viele andere) heute nach den Bistumstagen, welche Voten und somit Impulse in der Bischofskonferenz oder gar beim Papst ernst genommen und wirklich angekommen sind. Sind die Voten etwa in irgendwelchen Schubladen der Bischöfe verschwunden? Hat sich die Bischofskonferenz wirklich und ernsthaft mit den Voten der Aachener Bistumstage auseinander gesetzt?

Und damit bin ich wieder bei dem Punkt, der, so dringlich er auch war, bei den Bistumstagen leider ausgeklammert werden musste: Wann darf endlich aufgearbeitet werden, was die Machtstrukturen in der römisch-katholischen Kirche verhindern und zu verantworten haben?

Die Mächtigen in der Kirche und ihre Opfer
»Komm Schöpfer Geist, kehr bei uns ein ...«

Wer bin ich, dass ich es wage, in aller Öffentlichkeit auf Opfer kirchlicher Machtausübung hinzuweisen? Ich bin ein einfacher Mensch wie alle anderen auch. Können andere das nicht viel besser als ich? Oder ist es doch wichtig, dass ein Opfer stellvertretend für andere Opfer seine Stimme erhebt? Bin ich dem gewachsen, was durch das Offenlegen von Machtmissbrauch möglicherweise auf mich zukommt – ist doch meine Gesundheit nicht die allerbeste. Und wer hat mich dazu beauftragt? Darf so etwas nur geschehen im Auftrag eines Bischofs oder gar des Papstes? Und wird man mir überhaupt glauben? Werden nicht zu viele ganz einfach leugnen, als hätte es das alles nie gegeben?

Von einfachen Menschen habe ich gelernt, immer mehr auf die Stimme meines Herzens zu hören – auf die Stimme Gottes in meinem Herzen, wie ich und andere es heute verstehen. Aber ist das nicht zu subjektiv? Ist es nicht eine Anmaßung, sich auf die Stimme Gottes im Herzen zu berufen?

All diese Fragen kenne ich allzu gut und habe sie mir oft gestellt. Doch wenn mir »aus Liebe zur Kirche« wie so vielen anderen die Erneuerung der Kirche wirklich am Herzen liegt, darf es kein Schweigen mehr für mich geben. Indem ich meine Geschichte (stellvertretend für andere) offen lege, wird es möglich, Menschen in ihrem Herzen zu berühren und etwas in Bewegung zu bringen.

Wer sind die Opfer kirchlichen Machtmissbrauchs?

War der verstorbene Bischof Klaus Hemmerle beispielsweise nicht auch ein Opfer der Machtstrukturen in der Kirche? In vielerlei Dingen gewiss nicht – wohl aber darin, dass er sich in kritischen Momenten aus Angst vor der Macht Roms nicht in der Lage fühlte, der Stimme seines Herzens zu folgen. Hätte er der Stimme seines Herzens folgen können, manch ein Priester wäre von ihm nicht suspendiert, d.h. seines Amtes enthoben worden und somit noch heute im priesterlichen Dienst tätig. Ganz sicher hätte er dem einen oder anderen Priester die Dispens gegeben, im Amt zu bleiben und zugleich kirchlich zu heiraten. Hätte er der Stimme seines Herzens folgen dürfen, er hätte manchen Wiederverheirateten auch in der Öffentlichkeit die Empfehlung gegeben, im Gottesdienst, wenn es ihnen ein Bedürfnis ist, zur Kommunion zu gehen und somit der Stimme des Gewissens zu folgen. Die Macht Roms hat ihn daran gehindert.

145

Opfer ...

● Sind das nicht unzählige Frauen und Männer und, was noch schwerer wiegt, Kinder, die in der vorkonziliären Kirche gelitten haben unter einer rigorosen Verkündigung von Hölle und Teufel und einer erbarmungslosen Beichtpraxis bis hin zu gelegentlicher – oder doch häufigerer? – sexueller Gewalt in der Beichte? Leiden nicht noch heute viele von ihnen unter argen Ängsten? Sind seelische Verletzungen bis auf den heutigen Tag noch nicht geheilt?

● Sind das nicht auch unzählige Wiederverheiratete, die es nach dem Scheitern ihrer Ehe nach vielen inneren Kämpfen wagten, ihr Leben neu zu ordnen in dem berechtigten Wunsch, endlich innerlich heil zu werden und so der Stimme ihres Herzens folgten (der Stimme Gottes in ihrem Herzen?) und eine neue Partnerschaft eingingen? Ist es in Ordnung, wenn die offizielle Kirche – Rom – sie auch weiterhin vom Empfang der Kommunion ausschließt? Fühlen sie sich nicht zurecht verletzt und gedemütigt? Ob Gott verbindet, was nicht zu verbinden ist? Hat Jesus konkret so etwas gesagt?

● Sind das nicht bis auf den heutigen Tag konfessionsverschiedene Ehepaare, die nach der offiziellen Lehre – vor allem von den Bischöfen und von Rom her – nicht gemeinsam die Kommunion empfangen bzw. sich nicht am Abendmahl beteiligen dürfen? Sind Kinder nicht noch mehr Opfer, die einfach nicht verstehen können, dass die volle Mahlgemeinschaft offiziell nicht vorgesehen ist?

● Sind das nicht zu viele Priester, die am Zölibat zerbrochen sind, weil die Mächtigen in der Kirche den Zölibat zum absoluten Prinzip erhoben haben, egal wie einer damit fertig wird, obwohl sie sich nicht auf Jesus von Nazareth berufen können?

● Sind das nicht zu viele Priester, die ihr Amt nicht mehr ausüben dürfen, weil sie so ehrlich waren, zuzugeben, dass der von Menschen auferlegte Zölibat für sie nicht lebbar sei und die sich so für die Liebe zu einer Frau entschieden? Verstößt das absolute Prinzip Zölibat nicht gegen Gnade und Erbarmen? Hat nicht vor Gott jeder Mensch das Recht, seinen Weg des Heils zu gehen? Wer darf den Menschen daran hindern? Und auch ein verheirateter Priester hätte keine Garantie, dass seine geschlossene Ehe bis zum Lebensende hält! Ist der Priester nicht Mensch wie alle anderen?

● Sind das nicht viele Gemeinden, die einen Priester verloren haben und deren Stimme dabei nicht zählte, als sie baten oder forderten, ihren Pfarrer auch nach einer Heirat in der Gemeinde zu belassen? Warum zählen die Stimmen mündiger Christen so wenig?

● Sind das nicht auch viele Frauen, die einen Priester liebten (Ist Christentum nicht in erster Linie eine Religion der Liebe?) und als Verführerinnen hingestellt wurden und die ihre Liebe nicht leben durften?

● Sind das nicht bis auf den heutigen Tag Priester und Frauen, denen es verwehrt wurde, kirchlich zu heiraten?

● Sind das nicht viele – wie viele? – Priesterkinder, weil die Mächtigen der Kirche die Eltern in einen für sie unlösbaren Konflikt getrieben haben?

● Wie viele Priesterkinder sind es, die ohne Vater aufwachsen mussten, weil Priester sich für ihr Amt und gegen Frau und Kinder entschieden haben?

● Wie viele Frauen sind es, die ihrer Berufung zum Priestertum nicht folgen durften und dürfen – nur weil sie Frauen sind und als Frauen zum Priestertum nicht zugelassen werden? Fühlen Frauen sich da nicht zutiefst verletzt und ausgeschlossen? Kann und darf man sich da auf Jesus von Nazareth berufen?

● Wie viele Mädchen und Jungen sind es, die eine Berufung zum Priestertum in sich verspüren, aber eine zölibatäre Lebensweise für sich ausschließen, weil sie für sie nicht lebbar ist?

● Ist es nicht zu einem großen Teil das Volk Gottes – in der Diözese Aachen bei den Bistumstagen eine Zweidrittelmehrheit –, das Jahr für Jahr anmahnt, die Zulassungsbedingungen zum Priesteramt endlich zu ändern – und einfach ignoriert und nicht ernst genommen wird? Wie viele Menschen müssen sich noch von der Kirche verabschieden?

Sollen sie doch gehen, so hören wir bisweilen einige »Stimmen von oben«, und ich frage mich, wie lange sich die Kirche es noch leisten kann, auf diese zynische Weise mit Menschen umzuspringen. Denn die Kirche ist für alle Menschen da, nicht für ein paar Berufene. Und: Dass Mitglieder Sand ins Getriebe streuen, hat einer Organisation – egal welcher Art – noch nie geschadet ... Das sind Fragen über Fragen, die auf Antworten drängen, damit eine Erneuerung der Kirche möglich und die Kirche auch vor jungen Leuten wieder glaubwürdig wird.

Fragen

Zehn einander z. T. entgegengesetzte – suggestive – Fragen, deren jeweilige Antworten auf der Hand liegen, bedürfen dennoch der unbedingten Klärung, damit die Menschen, die sich entschlossen haben, notwendige Veränderungen einzuleiten, auf dem eingeschlagenen Weg weiterkommen. Bisweilen sind es die Fragen, die schwierig sind, nicht die Antworten:

1. Hat die Kirche nicht immer Menschen gebraucht mit Visionen, wie Gott selber sie Menschen eingegeben hat – Visionen, wie Jesus von Nazareth sie vor 2000 Jahren hatte, um die eigene Religion zu erneuern?

2. Könnte es sein, dass Visionen der Kirche verdächtig sind?

3. Werden visionäre Ansichten unterdrückt?

4. Werden Visionen als »bloß subjektiv« abgewertet, »zumeist nur geäußert von empfindsamen Träumern«?

5. Werden Menschen mit Visionen, die oft besonders verletzlich sind, bewusst isoliert bzw. ausgesondert?

6. Dürfen Menschen, denen Gott Visionen ins Herz gelegt hat, daran gehindert werden, diese Visionen vor ein breites Publikum zu tragen?

7. Haben die Mächtigen in der Kirche Angst, Menschen mit Visionen könnten ihre Autorität untergraben?

8. Hat wahre Autorität es nötig, derart misstrauisch zu sein?

9. Können Visionäre und Würdenträger sich nicht konstruktiv und gegenseitig zum Wohl der Kirche ergänzen und so zur Erneuerung der Kirche beitragen?

10. Welche Visionen hätte Bischof Klaus Hemmerle versucht, in die Tat umzusetzen, hätte er noch Zeit dazu gehabt?

Die Vision von Bischof Hemmerle war die einer Kirche, in der Schwestern und Brüder in Eintracht leben! Seine Vision war die eines neuen Stils des Miteinanders und eine dem Leben und dem Heil der Menschen dienende Kirche! Wenn ich von Visionen spreche, so sind dies nicht nur meine Visionen, sondern die Visionen, Wünsche und Hoffnungen, die viele Menschen im Volke Gottes teilen, junge wie alte Menschen, Menschen, die die Kirche und den Glauben ernst nehmen. Und diese vielen Menschen sind die Chance der Kirche in der Zukunft, auf einer breiten menschlichen Basis weiter für die Menschen da zu sein ...

Visionen

● Überall in der Kirche wird *die Frohbotschaft* verkündet, so dass die Menschen aufatmen können, heiler werden und das Leben immer mehr in Fülle erfahren. Der neue Stil des Miteinanders führt dazu, dass Gräben überwunden und Mauern abgebaut werden und Menschen beginnen, in Frieden miteinander zu leben, das Leben zu teilen und sich gegenseitig zu ermutigen, zu unterstützen und zu trösten. Menschen fangen an, sich wirklich zu lieben und Gottes Reich breitet sich auf dieser Erde aus.

● Beichtgespräche werden generell nur noch angeboten und nicht mehr aufgezwungen, so, wie es an vielen Orten erfreulicherweise bereits praktiziert wird.

● Priester erhalten eine bessere Ausbildung im Hinblick auf den seelsorgerischen Charakter ihres Berufs und sind so eher fähig zu sinnvollen Beicht- sowie seelsorgerischen Gesprächen. Denn Priester sind in erster Linie Seelsorger, deren erste Pflicht es ist, die Menschen so anzunehmen, wie sie sind: Das nennen wir Liebe! Und automatisch werden diese Seelsorger ein feines Gespür für die Not der Menschen entwickeln und diese lindern helfen können.

● Es gibt keine (Vor-)Verurteilungen mehr; niemand wird ausgeschlossen, der in dieser Kirche leben möchte und Heil und Geborgenheit sucht. Kirche wird so endlich wieder mehr zum Sakrament des Heiles. Jeder Seelsorger ist sich bewusst, dass er in seiner Not und Bedürftigkeit angewiesen ist auf die liebevolle Sorge anderer Menschen.

● Alle Menschen sind zum Tisch des Herrn eingeladen, die das Bedürfnis in sich verspüren, mit Jesus in der Kommunion Gemeinschaft zu haben. Niemand wird ausgeschlossen – weder Wiederverheiratete noch evangelische Christinnen und Christen.

● Was Gott wirklich verbunden hat, das hat auch Bestand und wird von Menschen nicht getrennt. Wo Ehe vor Gott nicht zu Stande gekommen ist – nur Gott weiß das –, da ist Korrektur und Neuanfang erlaubt und möglich, damit Gott endlich in Liebe verbindet, was nur er verbinden kann. Und niemand verliert in der Kirche seinen Beruf, nur weil sie oder er in einer Ehe gescheitert ist.

● Menschen, die in einer glücklichen Ehe leben, wissen um und spüren diese Gnade, das ihnen widerfahrene Glück. Sie gönnen und wünschen den in den Ehen Gescheiterten im Herzen Korrektur und Neuanfang. Es wird immer mehr zur Selbstverständlichkeit, dass es liebevolle Hilfe für Menschen in Krisensituationen gibt, Hilfen, dass Menschen in der einmal geschlossenen Ehe Erfüllung finden.

● Priester, die verheiratet sind, dürfen auf Wunsch wieder in einer Gemeinde priesterliche Dienste verrichten.

● Es gibt keine abgetriebenen Priesterkinder mehr nur wegen des Pflichtzölibats.

● Priesterinnen und Priester – verheiratete und Zölibatäre – arbeiten einträchtig in den Gemeinden und werden von den Gemeinden akzeptiert. Sie dürfen endlich dem Geist Gottes zu ihrer Berufung folgen, und Bischöfe und Papst nehmen ihre Berufung dankbar an und werden so immer mehr zu Dienenden in der Kirche und gewinnen in der Nachfolge Jesu wahre Autorität.

● Option für die Armen

● Erhaltung der Schöpfung

● Ächtung des Kriegs

● Ihre persönliche Vision: _____

Ich freue mich, dass es mittlerweile bereits eine ganze Reihe ermutigender Aussagen der Amtskirche gibt, die ich nur unterstützen kann und die zeigen, dass Kirche auch von oben her Erneuerung und Veränderung finden kann. Wir alle können uns nur das Miteinander aller Mitglieder der Kirche wünschen. Lasst uns darum ringen zu einer Form von Kirche zu finden, die in der Besinnung auf Tradition und in der Hinwendung zur Innovation den goldenen Weg findet, den Jesus so oft beschworen hat ...

Heute

Immer bewusster und lebendiger lebe ich in der Gegenwart, empfinde Dankbarkeit, freue mich am Leben, pflege gute Kontakte und verrichte meine Arbeit mit Lust und Interesse. Wenn Menschen mich mögen, bin ich sehr locker und spüre viel Kraft und Energie in mir. Bei Kindern blühe ich richtig auf.

Wenn ich zur Ruhe komme, melden sich immer noch die alten verdrängten Bilder. Noch immer reagiere ich mit meinem Körper, allerdings deutlich weniger als früher. Verdrängte Gefühle lassen mir immer noch keine Ruhe, aber ich kann sie mehr und mehr zulassen. Die Nächte sind kurz, da das Einschlafen nach wie vor schwierig ist. Panikattacken sind selten, Ängste erheblich weniger geworden. Vertrauen darf weiter wachsen. Zum Glück habe ich viel Hilfe und Unterstützung, so dass ich oft frage: Wie habe ich das verdient?

Die inneren Wunden sind nur zum Teil geheilt. Oft frage ich mich: Müssen denn wirklich alle verdrängten Gefühle noch einmal hoch kommen? Und wie lange soll das noch dauern? Und was kann ein Mensch alles aushalten? Das Schamgefühl ist in bestimmten Situationen immer noch groß, wenn ich Menschen um Hilfe bitte.

Zur Zeit mache ich eine Atemtherapie bei einer Therapeutin, der ich vertraue und die mir das Gefühl gibt, mich ganz zu öffnen und fallen zu lassen. Es ist eine ganzheitliche, integrative Atemtherapie, bei der viele Gefühle frei werden. Das Hyperventilieren kommt seltener und weniger heftig. Die Liebe von guten Menschen gibt mir Kraft und Trost. Was ich empfange, versuche ich so gut ich kann weiterzugeben. Der Weg ist das Ziel! Nur die Liebe heilt Wunden! Es gibt Hoffnung! Das Leben ist schön – trotz allem!

Ausblick

Indem ich in diesem Buch auch auf andere Opfer kirchlicher Gewalt hinweise, möchte ich diese Menschen ermuntern, über die ihnen zugefügten Verletzungen zu sprechen und so ein Stück ihrer leidvollen Geschichte aufzuarbeiten.

Ich benötige meinen ganzen Mut und den Zuspruch von Menschen, denen ich vertraue, um diese autobiografischen Bruchstücke zu veröffentlichen. Aber ich habe hoffentlich zeigen können, wie sehr die Aufarbeitung meiner Geschichte mir geholfen hat, Stück für Stück aus dem Steinbruch meiner Seele loszulassen, in meiner inneren Existenz aufzuräumen, um mich, so gestärkt, noch mehr den mir anvertrauten Menschen im Hier und Heute zu widmen.

Je länger ich an diesem Manuskript arbeitete, um so stärker wuchs in mir das gute Gefühl, gleichsam eine Brücke damit zu bauen, die, relativ betrachtet, vielleicht gerade einmal von der Größe eines Steges ist. Aber immerhin – ich habe die Hoffnung, dass das Holz, das ich verwendet habe, stark genug ist, dass wieder ein paar mehr Menschen es wagen, aufeinander zuzugehen, sich die Hände zu reichen, um Vergebung zu bitten und Vergebung zu gewähren.

Ich bin den Weg der Genesung gegangen und habe das Ziel noch nicht erreicht. Ich wünsche mir von ganzem Herzen, dass die Gespräche, die dieses Buch auslösen wird, zu Dialogen werden, die uns gemeinsam auf dem Weg der Menschlichkeit, den Jesus uns gezeigt hat, vorwärts bringen.

FÜR BRUNO IX. ZEICHNUNG VON SABINE MELTZOW

NACHWORTE

Eine Chance für die Kirche

Die Lebensgeschichte von Bruno Ix hat mich zutiefst berührt und zunächst in Ratlosigkeit und in ein Gefühl von Ohnmacht versetzt, das ich selten in meiner Arbeit in Verband und Kirche empfunden habe. Auch Gespräche mit Frauen, die das Manuskript gelesen hatten, brachten mich keinen Schritt weiter. Bruno beschreibt mehr als eine existenzielle Krise, die mit »Gottes Hilfe« und guten Therapeuten bearbeitet und letztlich bewältigt werden kann. Allmählich wurde mir klar, dass es eben keine Antwort aus »dem Glauben« gibt auf die Frage, wie Bruno Ix es geschafft hat nicht zu scheitern, sondern »Stück für Stück aus dem Steinbruch seiner Seele loszulassen und sich dem Hier und Heute zu widmen«. Das Umfeld »Kirche« selbst ist Ursache für seine Not und Verzweiflung.

Es bleiben Fragen bis zum Schluss, z. B. die: Wie kann es geschehen, dass Menschen in der Heilsinstitution Kirche just von ihren eigenen Vertretern in ihrer Existenz bedroht oder gar zerstört werden?

Der Mut und die Offenheit, mit der Bruno sein Leben erzählt, ist eine Chance für die Kirche über das Bistum Aachen hinaus.

Und das ist meine Hoffnung und Vision:

Die Lebensgeschichte von Bruno Ix wird viele Menschen aufwecken, die in Kirche Verantwortung haben, krankmachende und menschenverachtende Strukturen anzusehen und *nicht* länger auszuhalten. Ich hoffe auch, dass die Mitglieder des Volkes Gottes in Zukunft nicht mehr zulassen, dass Menschen in unserer Kirche Macht haben, die sie zum Unheil eben dieses Volkes Gottes gebrauchen.

BARBARA SCHMITZ, SPRECHERIN DER KFD IM BISTUM AACHEN

Barmherzigkeit statt Opfer

»Geht hin und lernt, was es heißt: Barmherzigkeit will ich, nicht Opfer.« (Mt. 9,13) Jesus benutzt dieses Wort des Propheten Hosea, um mit seiner Hilfe den Willen Gottes und seine eigenen Absichten zu offenbaren. (...)

Die Botschaft dieses Jesuswortes steht keineswegs vereinzelt und isoliert im Ganzen des Evangeliums da, vielmehr wird deutlich, dass Jesus es als einen ganz zentralen Teil seiner Sendung angesehen hat, die unbegrenzte Barmherzigkeit

153

Gottes zu verkünden und zu bezeugen, und ebenso, seine Jünger dazu zu bringen, diese seine Sendung mit zu vollziehen.

Wie weit die Kirche und ihre Repräsentanten davon entfernt waren und sind, dieser Sendung zu entsprechen, machen die autobiografischen Aufzeichnungen von Bruno Ix erschreckend deutlich.

Ich selbst bin sicher nicht im gleichen Maß wie Bruno Ix von der Unbarmherzigkeit der »Mutter Kirche« betroffen, geschädigt und verletzt, aber meine Erfahrungen als »Kind« dieser Kirche und seit mehr als 39 Jahren zugleich als einer ihrer Repräsentanten, reichen aus, um die wiedergegebene Leidensgeschichte nachvollziehen und als glaubwürdig bestätigen zu können. Dabei war ich selbst manchmal Opfer und Täter zugleich. Unerleuchtete Beichtspiegel und Katechesen haben mein Gewissen geprägt und teilweise verbildet und fixiert, vor allem, wenn es um das sechste Gebot ging. (...)

Als Kirche und deren Amtsträger müssen wir es zuerst wieder lernen, was es heißt: »Barmherzigkeit will ich, nicht Opfer!« Solange ich im priesterlichen Dienst bin, warte ich vergeblich darauf, dass die offizielle Kirche ihre starre und unbarmherzige Haltung in dieser Frage ändert; denn diese steht im Widerspruch zum Verhalten Jesu gegenüber den sündigen Menschen. (...) Als Jesus die zu seiner Zeit übliche Scheidungspraxis verwarf, wollte er gerade die Hartherzigkeit der Männer überwinden. »Nur weil ihr so hartherzig seid, hat Mose euch erlaubt, eure Frauen aus der Ehe zu entlassen« (Mt. 19,8)

Nach meiner Überzeugung, die ich aufgrund meiner Erfahrungen mit vielen Mitbrüdern und Gemeinden gewonnen haben, verstößt die unbedingte Option für den Zölibat in doppelter Hinsicht gegen Gnade und Erbarmen:

1. geht sie unbarmherzig mit den Männern um, die sich zum Dienstamt des Priesters berufen fühlen, aber entweder schon vor der Weihe oder erst danach entdecken, dass sie nicht zugleich dazu berufen sind, ehelos zu leben.

2. geht sie unbarmherzig mit der ständig wachsenden Zahl der Gemeinden und ihren Gläubigen um, die wegen der Zulassungsbedingung »Zölibat« auf die seelsorgliche Leitung und die Sakramentenspendung durch einen geweihten Priester verzichten müssen. (...)

Es ist ohne Gnade und Erbarmen, wenn man nicht endlich den elementaren Bedürfnissen der Gemeinden und der Sorge um den Erhalt der sakramentalen Struktur der Kirche den Vorrang einräumt vor dem Pflichtzölibat.

Was die mögliche Berufung von Frauen zum Dienstamt der Priesters angeht, so wird immer deutlicher, dass die angeführten theologischen Argumente dagegen nicht stichhaltig sind. Die wahren Hinderungsgründe liegen in den Herzen der Männer, die in dieser Männerkirche bis heute allein das Sagen haben. Jesus würde den verantwortlichen Männern vermutlich den Vorwurf mach: »Nur weil ihr so hartherzig seid, hat die Tradition der Kirche die Berufung von Frauen zum priesterlichen Amt bisher ausgeschlossen.« (vergl. Mt. 19,8)

»Aus Liebe zur Kirche« möchte ich nicht nur Bruno Ix, sondern auch seiner und meiner Kirche wünschen, dass sie Fortschritte machen »auf dem Wege der Genesung«. Die stets nötige Erneuerung der Kirche muss sich vor allem darin zeigen, dass sie lernt, was es heißt: »Barmherzigkeit will ich, nicht Opfer«.

BERNHARD FROHN, PFARRER,
KLINIKSEELSORGER IN DER REHA-KLINIK MARMAGEN

Genesung der Kirche steht noch immer aus

Pfarrer Bruno Ix ist das Wagnis eingegangen, mit der Niederschrift seiner Lebensgeschichte krankmachende und menschenverachtende Strukturen aufzudecken und Verletzungen und Machtmissbrauch durch die römisch-katholische Kirche öffentlich zu machen. Er wird mit diesem Tabubruch als Priester dieser Kirche angreifbar und verwundbar. Dass er diesen Weg trotzdem gewählt hat, um Veränderung in dieser Kirche in Bewegung zu setzen, zeigt mir, wie sehr er diese, seine Kirche, liebt und wie sehr ihm vor allem die Menschen, seine Mitmenschen, am Herzen liegen. Denn seine Geschichte ist nicht die Geschichte eines einzelnen Menschen, nicht das traurige Schicksal, das Psychogramm einer labilen, schwachen Persönlichkeit, sondern, das weiß ich aus Hunderten von Gesprächen mit Frauen bei Seminarwochen und Bildungstagen, es ist die Geschichte einer ganzen Generation. Eine Lebens- und Leidensgeschichte von Menschen, die bis heute nicht aufgearbeitet ist. Viele Frauen und Männer finden erst jetzt den Mut, Verletzungen, Enttäuschungen, Unterdrückung und Ungerechtigkeiten in ihrem Leben durch die Kirche auszusprechen. Unheilvolle Erfahrungen, an denen sie fast zerbrochen sind. Oft konnten sie nur, weil sie sie verdrängten, überleben. Aber viele Wunden sind bis heute nicht verheilt. Genesung steht noch aus.

Pfarrer Ix schreibt, er habe Angst, wie seine Leserinnen und Leser, vor allem die, die er seit langem kennt, reagieren werden. Ich bin der festen Überzeugung, daß er vielen aus dem Herzen spricht, daß viele ihm dankbar sein werden, daß er die Stärke und das Gottvertrauen hat, diese »Dinge« zu benennen, die viele noch immer nicht in der Lage sind in Worte zu fassen.

Dieses Buch beschreibt kein Einzelschicksal! Es macht anhand einer Lebensgeschichte deutlich, wo unsere Kirche versagt hat, wie sie statt heilvoll, hilfreich und unterstützend zu wirken, Menschen im Stich gelassen, verletzt und mißbraucht hat.

Meine Hoffnung ist, dass viele Menschen durch dieses Buch ermutigt werden, ihre Lebenserfahrungen wie Bruno Ix offenzulegen. Vielleicht auch mit ihm ins Gespräch zu kommen. Für die Kirche hoffe ich, dass sie sich endlich auf den Weg zu den Menschen macht im Namen der Barmherzigkeit und Menschenfreundlichkeit Gottes, die Jesus von Nazareth vorgelebt hat.

PETRA VON DER AU, LEITERIN DES KIRCHLICHEN FRAUENREFERATS DÜREN

155

Kritische Situation

Als kirchliche Laiengremien (Kirchenvorstand und Pfarrgemeinderat) sehen wir die Kirche insgesamt sowie auch die einzelnen Gemeinden in einer kritischen Situation. (...)

Wir wissen aus Erfahrungen und Gesprächen, dass es sich bei den geschilderten Ereignissen, nach denen sich der Autor teilweise als Opfer der Kirche sieht, nicht um Einzelfälle handelt und auch andere Christen ähnliche Erfahrungen machten. (...)

Besonders erhoffen wir für die Zukunft wesentliche Veränderungen der gesamten kirchlichen Strukturen, wie sie als Visionen in diesem Buch dargestellt sind. Dabei ist uns wichtig, dass diese Entwicklungen von der kirchlichen Basis mitgetragen werden.

Als Freunde wünschen wir dem Autor, dass er die erhoffte Heilung erfährt und dass Kritiker aufgrund seiner Geschichte Verständnis entwickeln.

KIRCHENVORSTAND UND PFARRGEMEINDERAT SCHLEIDEN-DREIBORN

Die Kraft des Widerstandes

Ein ergreifender, ehrlicher Lebensbericht, der zuweilen sprachlos macht, einen mitfühlen läßt; in dem deutlich wird, wie stark Einflüsse und Erlebnisse in Kindheit und Jugend prägend für unseren Lebensweg sind.

Doch es zeigt sich darin ebenso, wie gerade durch all die schicksalhaften, ja lebensbedrohlichen Erfahrungen hindurch ein Mensch unglaubliche Widerstandskräfte entwickeln kann; Kräfte, die dem Leben dienen; Kräfte, die dahin führen, trotz oder gerade wegen all des erlebten Leides mitfühlend für andere Menschen wirken zu können.

Im Ergreifen solcher Möglichkeiten zeigt sich für mein Empfinden Gottes Führung in einem Menschenleben, und seine Macht wird für mich erfahrbar, stärker als durch jedes gesprochene Glaubensbekenntnis.

Von Herzen und ein Dankeschön für den Mut zu diesem Bericht

EINE GRUPPENFREUNDIN

Seine Geschichte ist die Geschichte der Kirche

Bruno äußert sich. Er schreibt die Lebensgeschichte eines Christen. Es ist *seine* Geschichte von der ersten bis zur letzten Zeile.

Er lässt uns in seltener Direktheit und Offenheit teilhaben an Irrsal und Wirrsal seines Lebenslaufes in Kindheit, Jugend, Reifezeit, beim Studium der Theologie und während der inzwischen dreieinhalb Jahrzehnte seines Priestertums.

Seine Geschichte ist zugleich die Geschichte der Kirche im ausgehenden Zwanzigsten Jahrhundert, einer Kirche, der Ix sich verschrieben hat, an der er leidet, mit der er leidet.

Sensibel, übersensibel und fragil, versehrt und geprägt von traumatischen Kindheitserlebnissen, arbeitet er beharrlich an seiner Selbstfindung und an der Erfüllung seines pastoralen Auftrages, für seine Mitmenschen bestellt und ihnen ein guter Seelsorger zu sein.

Dabei gerät er unweigerlich an Grenzen, Einengungen und Schranken, die in der katholischen Kirche gläubigen Christen beim Leben aus ihrem Glauben und aus ihrer Glaubensüberzeugung auferlegt sind.

Am Schluß der mitunter bedrückenden Geschichte seines Lebens spricht Ix Tröstliches an, Visionäres und ermutigend Einfaches für seine so geliebte Kirche.

Dem Leser bleibt die Hoffnung, dass das von vielen Katholiken heute noch Ersehnte die Wirklichkeit einer Kirche von morgen sein dürfte, eines Hauses voller Menschlichkeit und Geborgenheit.

ALOIS SOMMER, (EHEM. BÜRGERMEISTER DER STADT SCHLEIDEN, EHEM. DIREKTOR DER REALSCHULE SCHLEIDEN)

Innenansichten eines Menschen

In Sachen Kirche habe ich lange Zeit viele Fragen mit mir herum getragen, für die ich keinen Gesprächspartner fand. Wenn Jesus Liebe gepredigt hat, warum ist seine Kirche unbarmherzig und rigide? Wenn es das Gebot der Nächstenliebe gibt, wie kann eine Kirche gerade die, die ihre Hilfe besonders nötig haben, ausschließen – wie beispielsweise Menschen, deren Ehe erst im zweiten Anlauf gelingt?

Wenn es einen barmherzigen Gott gibt, warum verwendet die Kirche soviel Energie auf Lehren von Fegefeuer, Hölle und Verdammnis ?

Selten genug begegnen wir Priestern, die ein authentisches Bild ihrer Berufung leben, die Gesprächspartner sind (ohne zu belehren), die Wege aufzeigen (ohne zu missionieren) und wirklich Gemeinde leben. Bruno Ix läßt den Leser seiner Lebensgeschichte einen langen Weg miterleben: es ist ein Blick hinter die Kulis-

157

sen bei einem Menschen, der sich – als Priester, als Mensch – nicht mehr hinter einer Fassade verbergen will. Jemand, der sich, obwohl mit psychischen Verletzungen und körperlichen Erkrankungen belastet, für Menschen und für eine angstfreie Religiosität einsetzt, der sich sein Leiden – im Sinne des Wortes – vom Leib schreibt: so jemand macht Hoffnung. DOROTHEE ESSER

Dieses Buch lohnt sich zu lesen

Ich wünsche mir mehr Menschen in der Kirche, die wie Bruno Ix den Mut haben, offen Mißstände aufzuzeigen und zu reflektieren – auch wenn es dabei um ganz persönliche Erfahrungen geht. Menschen, die es wagen, neue Wege zu denken und Schritte unternehmen, sie zu gehen.

Es ist schlimm zu erfahren, wie Menschen der Kirche ihre Macht gegenüber Schwächeren – besonders Kindern – ausgenutzt und mißbraucht haben.

Gewiss hat sich einiges in der Kirche inzwischen geändert, doch gibt es immer noch diese Machtstrukturen, die Erfahrungen, wie die von Bruno Ix geschilderten, möglich machen. Deshalb ist es so wichtig, dass es Menschen gibt, die diese Missstände aufzeigen und anmahnen. Besonders hervorzuheben ist, dass ein katholischer Priester den Mut für solch eine offene Auseinandersetzung aufbringt, denn gerade diese vermisst man häufig auf Seiten derer, die die Amtskirche repräsentieren. (...)

Eine Vision davon, wie Kirche eigentlich sein soll – auch wenn die Realität häufig weit davon entfernt ist – macht Hoffnung, an der Institution Kirche festzuhalten und an ihrer Zukunft mitzugestalten. GUDRUN SKROTZKI, THEOLOGIN

Von der nagenden Schuld befreien

Eine beklemmende Geschichte. Ich musste sie mehrmals aus der Hand legen, konnte nicht weiterlesen. Sich schuldig fühlen ist eine entsetzliche Erfahrung.

Du wirst missbraucht und bleibst in deiner Not allein, findest keinen Gesprächspartner und quälst dich, versuchst, das Geschehene zu vergessen, zu verdrängen, wirst ein Opfer und der Täter glaubt, über dich verfügen zu können, zwingt dich Dinge zu tun, ohne die Folgen zu bedenken, die fortan deinem Leben bestimmte Farben geben werden.

In meiner Beratungsarbeit erfahre ich immer wieder, jedes Leben birgt ein oder mehrere belastende Geheimnisse. Treffe ich im Laufe der Begegnung mit dem zu Beratenden auf diese, erwacht wieder das Schuldgefühl. Entspricht die Last des Schuldbewusstseins dem tatsächlichen Ereignis – und dem tatsächlichen Ausmaß der Verantwortung daran –, dann ist die Hürde genommen.

Bisweilen ist es jedoch so wie in deiner Biografie. Wir machen uns Vorwürfe, an denen uns keinerlei Schuld trifft, steigern uns so sehr in die Rolle, die wir dabei spielen und erleben dann nachträglich mehr an Schuld, als wir in der Ursprungssituation hatten.

Ich empfinde es als einen Schritt in die richtige Richtung, sich vom nagenden Gefühl der Schuld, wie sie unsere Vorfahren quälte, zu befreien.

Ich wünsche dir, dass du eine »Genesungsreise« anzutreten vermagst, in deren Verlauf du dein Gleichgewicht wieder gewinnst und neue Kreativität findest. Ich glaube daran, unsere Seele ist weit größer und gewaltiger als jeder gegebene Augenblick, als jedes Ergebnis unserer Vergangenheit.

Ich danke dir für dein Vertrauen, deine Biografie lesen zu dürfen und wünsche dir Mut für heute und morgen.

LEONHARD MÜLLER, PFARRER, IN DER LEBENSBERATUNG TÄTIG

Das tun, was das Herz sagt

Lieber Bruno, vieles an deinem Lebensbericht hat mich sehr angesprochen und sogar in meinem tiefsten Inneren berührt.

Gott sei Dank bist du bei allem Leiden an düsteren Moralvorstellungen und Schuldgefühlen nicht verbittert, verhärtet und verkrustet. Es wäre nur zu logisch gewesen, unter solchem Erleben zu zerbrechen, den Halt zu verlieren oder aber zu verhärten und fanatisch zu werden.

Denn so erlebe ich viele Männer, die derzeit die Geschicke der Kirche lenken. Einige sind innerlich gebrochen, resigniert, glauben nicht mehr an den Geist und seine Schöpfungskraft, versuchen sich vielmehr irgendwie »durchzumogeln«. Sie sind »Funktionäre«, sicher bemüht, aber ohne wirkliches Feuer.

Aber nicht nur die Bischöfe sehe ich oft als gebrochene, resignierte und rückwärtsgewandte Menschen, nein, viele Priester auf der unteren Ebene wirken oft schon in jungen Jahren saft- und kraftlos, suchen Trost in Alkohol oder Beziehungen. Viele andere sind verhärtet, fast schon fanatisch. Sie nehmen billigend in Kauf, dass immer mehr Gläubige der Kirche den Rücken kehren, betonen immer wieder, wie sehr alle doch dumm und sündig sind, weil sie die Lehren der Kirche nicht respektieren (solche, unter denen du schon gelitten hast!).

Diese Kirche war mir lange Heimat, sie ist es nicht mehr. Zu sehr bin ich überzeugt, dass der Geist Gottes weit mehr in anderen Gruppen lebt, da wo Menschen nicht Rückzugsgefechte führen, sondern Zukunft gestalten im Sinne Jesu: in Umweltgruppen, Friedensarbeit, Selbsthilfegruppen und Familienkreisen, um nur einige zu nennen. Es werden Gemeinschaften, auch Gemeinden überleben, wo glaubwürdige Menschen das Christentum praktizieren. Diese Kirche werden sie nicht mehr brauchen. K.S.

Krankmachende Vorschriften

Lieber Bruno, vieles aus den Ausführungen von Klaus kann ich unterschreiben. Meine Betroffenheit ist in einer etwas anderen Ecke angesiedelt, nämlich da, wo ich in der Beratung vor allem Frauen erlebe, die in noch sehr strengen Reglementierungen der Kirche hinein erzogen wurden. Eine Frau, die sich von ihrem Mann Gewalt und Erniedrigung gefallen lässt, weil sie an der Unauflöslichkeit der Ehe festhält und denkt in schwere Sünde zu fallen, wenn sie sich von diesem Joch befreien würde. (...)

Ganz deutlich wird hier die tiefe Angst vieler maßgeblichen, der Kirche nahe stehenden Menschen: Der Mensch, wenn er selbstverantwortlich handeln würde, sei nicht mehr kontrollierbar. Also muss Macht ausgeübt werden. Seine eigenen Empfindungen sind geringzuachten, statt Selbstbestimmung heißt es Fremdbestimmung.

Die »klassische katholische« Erziehung ist durch Sprachlosigkeit gegenüber dem Thema Sexualität gekennzeichnet. Onanie ist immer noch ein Tabuthema, und Sexualität gilt als notwendiges Übel zur Zeugung von Nachkommen (Fruchtbarkeitsaspekt). So ist es logisch, dass die Frage nach dem inneren Erleben wegideologisiert wird, die Jungfräulichkeit als weibliches Ideal beschrieben und die Keuschheit als rettende Alternative zur Triebverfallenheit des modernen Menschen beschrieben wird.

Ich habe in den Jahren meiner Arbeit in der Eheberatung, als Frau eines Pastoralreferenten und als engagierte Christin, immer wieder erleben müssen, wie sehr diese Vorstellung am Leben vorbei führen, wie krank solche Vorschriften manche Priester gemacht haben und wie schwer sich auch oft Gemeinden tun, von solchen »Idealen« abzulassen. R.S.